A economia contra si mesma

A economia contra si mesma
Por uma arte anticapitalista do acontecimento

The Power at the End of the Economy: Art Beyond Interest, Joy Beyond Reason

Brian Massumi

© Brian Massumi
© n-1 edições, 2024
ISBN 978-65-6119-016-9

Embora adote a maioria dos usos editoriais do âmbito brasileiro, a n-1 edições não segue necessariamente as convenções das instituições normativas, pois considera a edição um trabalho de criação que deve interagir com a pluralidade de linguagens e a especificidade de cada obra publicada.

COORDENAÇÃO EDITORIAL Peter Pál Pelbart e Ricardo Muniz Fernandes
DIREÇÃO DE ARTE Ricardo Muniz Fernandes
GESTÃO EDITORIAL Gabriel de Godoy
ASSISTÊNCIA EDITORIAL Inês Mendonça
TRADUÇÃO Alyne Azuma
REVISÃO TÉCNICA Filipe Ferreira
PREPARAÇÃO Flavio Taam
REVISÃO Graziela Marcolin
EDIÇÃO EM LaTeX Paulo Henrique Pompermaier, Rogério Duarte e Guilherme Araújo
PRODUÇÃO EDITORIAL Andressa Cerqueira
CAPA Isabel Lee Garcia

A reprodução parcial deste livro sem fins lucrativos, para uso privado ou coletivo, em qualquer meio impresso ou eletrônico, está autorizada, desde que citada a fonte. Se for necessária a reprodução na íntegra, solicita-se entrar em contato com os editores.

1ª edição | Julho, 2024
n-1edicoes.org

A economia contra si mesma

por uma arte anticapitalista do acontecimento

Brian Massumi

tradução Alyne Azuma

O limite mais íntimo	9
Um feito realizado através de mim	33
Além dos interesses próprios	83
APÊNDICE	**135**
Suplemento i	137
Suplemento ii	145
Bibliografia	159

Para além do interesse,
alegria além da razão

O limite mais íntimo

> A hipótese de um futuro calculável leva a interpretações equivocadas dos princípios de comportamento que a necessidade de ação nos compele a adotar, e a uma subestimação dos fatores ocultos de precariedade, esperança, medo e dúvida profundos.
>
> JOHN MAYNARD KEYNES, *The General Theory of Employment*

Somos impelidos a uma escolha racional. Aprendemos que nossa liberdade e o livre-arbítrio são a mesma coisa. Ouvimos que nos tornamos quem somos por meio daquilo que escolhemos. A nós é garantido que, se escolhermos bem, de acordo com o que for melhor para nós, vamos acabar servindo aos interesses de todos. E nos contam que existe um mecanismo pronto para assegurar essa convergência entre os nossos interesses e os dos demais. Seu nome é mercado. Sua "mão invisível" alinha as melhores escolhas umas às outras, seu toque mágico é guiado pelo princípio da concorrência. A concorrência filtra as escolhas, selecionando as melhores em nome da eficiência. As eficiências se multiplicam, minimizando o esforço e maximizando o lucro para todos. O mercado, também somos levados a acreditar, se autorregula. Ele tem uma inclinação natural à otimização. Como sujeitos políticos, somos compelidos a votar, racionalmente, no seu interesse de modo que possamos perseguir os nossos, pelo bem geral. Racionalmente, o sujeito político encontra o sujeito econômico de interesse próprio que, fundamentalmente, todos somos, na busca privada por felicidade. E o que, senão isso, dá sentido e motivação à vida? Somos todos clientes pagantes na festa da escolha, passando nossa geleia favorita no nosso próprio pão da vida, servido na bandeja de prata da eficiência pela mão invisível.

Mas um olhar mais detido revela que, no coração do mercado, surge uma toca de coelho. Ele cai do terreno aparentemente firme da escolha racional para um país das maravilhas onde nada parece igual. Seu nome é afeto. Os "fatores ocultos" da dúvida, da precariedade, da esperança e do medo – e (por que não?) do amor, da amizade e da alegria – tendem a emergir e borbulhar na superfície livre de modo ruidoso. Na atual versão da ideologia do livre mercado, o neoliberalismo, a comoção afetiva se tornou tão insistente que outra coisa também emerge: a insidiosa suspeita de que é sobre um solo infundado de fatores não tão ocultos que a construção da economia foi de fato erigida. As eficiências, asseguram-nos ainda, se multiplicam. Elas enlaçam umas às outras, alavancando a economia de suas crises periódicas em uma ordem provisoriamente estável que ainda nos imploram para considerar racional. Mas quando os mercados reagem mais como anéis de humor do que como veículos autônomos, o fator afetivo se torna cada vez mais impossível de se excluir. Fica óbvio que a "racionalidade" da economia é a arte precária de extrair uma ordem emergente do afeto. A insidiosa suspeita é que a economia é mais bem compreendida como uma modalidade das artes do afeto.[1]

Enquanto solo infundado, as implicações de uma vocação artística do afeto são dignas de atenção não só por aquilo que podem vir a dizer sobre o interesse próprio "racional" como

---

1. Arte: o então presidente da Reserva Federal dos EUA, Alan Greenspan, ressaltou a centralidade do fator criativo em um discurso de outubro de 2001, em que confere à economia a habilidade de voltar do "choque" do Onze de Setembro com um "tipo diferente de eficiência", que nada mais é do que a superflexível "criatividade do nosso sistema" (Greenspan, 2001b). Greenspan atribuiu a palavra "choque", utilizada geralmente de modo afetivo, diretamente ao sistema no período imediatamente pós-Onze de Setembro (ver, por exemplo, Greenspan, 2001a). Claro, esse não foi o primeiro nem o último choque a afetar o mercado.

garantidor da ordem auto-otimizante, mas também pelo repensar que pode se tornar necessário do próprio conceito de racional em sua relação com o afeto. A este respeito, Michel Foucault oferece um ponto de partida provocador em suas aulas de 1979 sobre a genealogia do neoliberalismo (Foucault, 2008).

O mercado no país das maravilhas

A "mão invisível" tem pelo menos uma participação especial em toda discussão do livre mercado. A de Foucault não é uma exceção. Da maneira como Adam Smith, seu inventor, o concebeu, argumenta Foucault, o conceito da mão invisível não tinha nada a ver com a qualidade divina que passou a ser-lhe atribuída. A questão toda do conceito era que o sistema econômico é agitado e complexo demais para que haja qualquer possibilidade de que se tenha um panorama imperioso sobre ele. Em sua genealogia do neoliberalismo, Foucault é firme no argumento: no que toca à economia, não existe "transparência total" (Foucault, 2008, p. 279). Ou seja, não apenas não existe transparência total – não existe transparência ou totalidade. O conceito da mão invisível, como Foucault o interpreta, é um princípio de cegueira em um campo aberto de atividade incessante cujos contornos, sempre em mutação, são por natureza indefinidos. "Estar no escuro e a cegueira de todos os agentes econômicos são uma necessidade absoluta" (2008, p. 297).

Para os neoliberais, isso na verdade é uma coisa boa, pois torna o liberalismo econômico inevitável. Significa que a economia não pode ter soberano. A mão invisível na verdade significa "sem mãos". O princípio liberal do *laissez-faire*, brinca Foucault, se torna para os neoliberais o "governo do não *laisser-faire*": amarrar as mãos do governo (2008, p. 247).

Foucault logo acrescenta que, na prática, o neoliberalismo implica uma gama vasta e em constante expansão de formas de intervenção governamental. Mas que são criadas, paradoxalmente, para manter a habilidade dos mecanismos do mercado de auto--organizar a economia livre da interferência indevida do governo (Foucault, 2008, p. 175-6). Elas não operam de uma posição de comando soberano. Elas estão no meio.[2] Qualquer tentativa governamental vinda do alto de entremear os fios em um todo bem definido, previsivelmente regulado, vai apenas esgarçar o tecido até rasgá-lo. O governo dá a entender que age de forma onisciente pelo interesse geral e, em sua arrogância, sempre se atrapalha. Da mesma forma, os indivíduos estão sob medida liminar, em nome do bem geral, para agir sem consideração por ela. Porque é só assim que a "mão invisível" pode atuar.

Mas ela não é de maneira alguma uma mão. É um acúmulo de decisões menores que acabam servindo ao bem geral, apesar de servirem a interesses próprios. Decisões individuais, feitas na calada do interesse próprio, permeiam o campo. Quando os resultados dessas decisões formam círculos de feedback positivo, eles fazem surgir efeitos multiplicadores mutuamente benéficos, e ocorre uma "síntese espontânea" do que é melhor

---

2. William Connolly defende o mesmo argumento: "O Estado não controla os mercados muito diretamente, exceto por meio de políticas monetárias, mas tem um papel bem ativo na criação, manutenção e proteção das precondições da autorregulação do mercado [...]. O neoliberalismo solicita um Estado ativo para promover, proteger e expandir processos de mercado" (Connolly, 2013, p. 21). De acordo com Foucault, o projeto neoliberal original era de "um governo a partir do qual nada escapasse [...] mas que, contudo, respeitasse a especificidade da economia"(Foucault, 2008, p. 296). O sonho era que esse ato de equilíbrio fosse assegurado por uma sociedade civil em bom funcionamento. O colapso desse sonho (Hardt, 1995) levou à transição para uma nova forma de governamentalidade, que Foucault vislumbra em uma passagem isolada e que ele chama de "ambientalidade" (Foucault, 2008, p. 259-60). Os mecanismos ambientais são direcionados precisamente às "precondições" de atividade econômica a que Connolly se refere. Nas palavras de Foucault, eles modulam as "regras do jogo" de dentro, em vez de apontar diretamente para as ações dos atores de cima. E operam em um campo supostamente nivelado, nem do alto de modo soberano, nem estruturalmente acoplado a uma esfera separada que opera de acordo com seus próprios princípios jurídicos não econômicos. Neste ensaio, a ambientalidade é tratada como um ponto de partida. Sobre ambientalidade, ver Massumi, 2009a. Deleuze e Guattari enfatizam que isso muda fundamentalmente a natureza do Estado, doravante essencialmente mais um "modelo de realização" de como o capitalismo se implanta *de modo a atravessar* o território nacional, do que uma entidade soberana que ordena a organização interna desse território (Deleuze e Guattari, 1987, p. 45-9).

para todos. A síntese é completamente involuntária com relação a cada indivíduo. Essa "racionalização" da economia com que as decisões do tema de interesse contribuem involuntariamente é uma propriedade emergente de um sistema complexo e auto-organizado: uma novidade e uma criação, em perpétua autorrenovação. A síntese, continua Foucault, é um "efeito positivo" de um "número infinito" de "acidentes" que ocorrem no nível térreo do "caos aparente", ou quase caos, do ambiente do mercado. Eles são ligados por um "mecanismo de multiplicação direta" – competição – que, Foucault enfatiza, opera na ausência de qualquer forma de transcendência. Em outras palavras, a síntese positiva das condições do mercado ocorre imanentemente no campo econômico. A escolha do tema de interesse próprio encurralado naquele campo de imanência é "irredutível" e "intransferível". É "incondicionalmente referida ao próprio sujeito". Em seu cerne, diz Foucault, o modelo de economia liberal tem "existência em si": ele trata, em primeiro lugar e acima de tudo, de uma relação do "indivíduo consigo mesmo".[3]

Essa é a existência em sua dimensão dissociativa.[4] Aqui, em sua relação consigo mesmo, o sujeito gira cada vez mais fortemente em torno de seu poder individual de escolha, como um cachorro indo dormir, enrolando-se centripetamente ao redor de um centro de satisfação prometida. Ele gira em torno de si mesmo, afastando-se do social, alheio às lógicas societais não econômicas. Mas no fim tudo acaba bem para a sociedade, dizem, graças à síntese positiva de efeitos multiplicadores. A relação consigo mesmo involuntariamente é amplificada por efeitos multiplicadores para se tornar um fato social que envolve todo o sistema. As dimensões mais íntimas da existência individual estão operativamente conectadas ao nível mais abrangente, aquele do ambiente do mercado que é o campo econômico da vida. Aquilo

---

3. Os conceitos desse parágrafo estão em: Foucault, 2008, p. 242-300.
4. Foucault (2008, p. 272-6) insiste na incomensurabilidade entre o sujeito da lei (ou do direito) e o liberalismo do *homo oeconomicus*, o sujeito da economia (sujeito de interesse).

que é mais individual é, ao mesmo tempo, a gama social mais ampla. A menor escala e a maior ressoam como uma, em um quase caos de sensibilidade mútua. Relacionar-se de modo autointeressado (consigo mesmo) é, no mesmíssimo ato, se relacionar, involuntariamente, com todos os demais.

Mas há um problema. Tem a ver com o futuro. O sucesso, claro, não está garantido para nenhuma ação específica, ou nenhum indivíduo específico. A auto-organização do sistema na escala mais ampla é capaz de sintetizar e ultrapassar muitos microfracassos. Conforme as escolhas se espalharem pelo campo econômico, o impacto negativo dos fracassos individuais é compensado de modo geral pelos efeitos multiplicadores dos sucessos. Dada a infinidade de acidentes que crivam o campo econômico da vida e a cegueira existencial de todos os atores econômicos, há uma ameaça constante de um passo em falso. Todo cálculo econômico é um estimativo de risco.

> Finança comportamental (psicologia) e modelos de atores racionais (o "homem econômico racional" ou REM, na sigla em inglês) raramente enfatizam o quanto a incerteza difere do risco e da probabilidade.[5]

Você pode calcular o risco em termos de probabilidades, mas as probabilidades por natureza não têm nada a dizer sobre nenhum caso específico. As escolhas no presente se tornam altamente carregadas afetivamente de medo pelo futuro incerto. O presente é abalado, trêmulo pela futuridade. Não existe estimativa de risco independente da autorrelação afetiva do indivíduo com a incerteza.

Mesmo no melhor cenário, a racionalidade e a afetividade não podem ser mantidas separadas com segurança. Ao contrário do sujeito jurídico no direito e do sujeito civil na sociedade, ao sujeito econômico de interesse nunca é pedido renunciar aos seus próprios interesses pelo bem geral.[6] Os interesses próprios

5. Pixley, 2004, p. 18.
6. Sobre a dissociação do social e do econômico, ver Foucault, 2008, p. 200-1. É o conceito

permanecem "incondicionais". E são mensurados em satisfação. Obtivemos sucesso em nossos interesses próprios se obtivemos satisfação para nós mesmos. O que o sujeito de interesse economicamente produtivo produz no fim das contas é sua própria satisfação (Foucault, 2008, p. 226). Paradoxalmente, a medida de quão "racionalmente" um sujeito de interesse se comporta só pode ser tomada afetivamente, e na moeda da satisfação. A racionalidade e a afetividade são siamesas do interesse próprio, de uma forma ou outra, para o bem ou para o mal. "As emoções atuam nas estruturas centrais do mundo financeiro" (Pixley, 2004, p. 18).

Ao sujeito de interesse nunca é solicitado que renuncie ao interesse próprio. Mas com frequência lhe é solicitado que postergue a mesma satisfação com a qual o interesse próprio é mensurado. Está se sentindo inseguro? Seja razoável. Adie sua satisfação para um período mais seguro da vida. Trabalhe para se aposentar. Mas essa é uma escolha racional apenas se você *confiar* na auto-organização do sistema. É cada vez mais difícil vender isso conforme as crises se seguem em rápida sucessão. Cada crise é um choque para o sistema, em todas as escalas. A incerteza começa a se alimentar de incerteza. O medo se transforma em pânico. Os efeitos negativos multiplicadores tomam conta. Economias domésticas evaporam e economias nacionais desmoronam. Aumenta a desconfiança de que a mão invisível sofre de uma doença motora degenerativa.

Todos os sinais indicam que a condição é congênita. A crise não parece mais um intervalo pontual entre períodos de estabilidade. A crise é o novo normal. Que seja esse o caso é apenas óbvio. A premissa de qualquer cálculo racional é que ações cujas estratégias são similares vão produzir resultados semelhantes. Mas todo o argumento de uma economia que seleciona para efeitos multiplicadores criativos é que efeitos multiplicadores

de "capital humano" (abordado adiante) que existencializa essa dissociação e, ao mesmo tempo, supera-a por meio do colapso do social no econômico. Sobre capital humano, ver Foucault, 2008, p. 224-65.

não são lineares. Por definição, são efeitos não comensuráveis com suas causas, mesmo que as causas sejam conhecidas. Toda a questão do empreendimento capitalista é "alavancar": extrair uma mais-valia de efeito acima e além do que normalmente seria esperado de um investimento. O processo capitalista é movido pelo potencial para, e anseia, um excesso de ganho sobre qualquer quantidade dada de insumo causativo: mais-valia. Quanto mais complexo é o sistema, mais incerto se torna o futuro. E a complexificação tem sido uma tendência constitutiva do sistema capitalista desde o início. O capitalismo, sempre um sistema longe do equilíbrio, e com seu equilíbrio cada vez mais distante. *O mesmo mecanismo multiplicador que promete satisfação futura o torna exponencialmente menos certo.*

Por que postergar a satisfação se o futuro capitalista é constitutivamente incerto? Mas, por outro lado, como não agir com cautela protelando sua satisfação, exatamente porque o futuro capitalista é tão incerto? Esse enigma do adiamento é uma expressão do paradoxo de que a promessa de satisfação do neoliberalismo assusta a racionalidade que ele exalta, causando-lhe tremores afetivos que não podem ser curados. O cálculo de risco racional do sujeito de interesse se torna cada vez mais superdeterminado afetivamente pela tensão entre medo do futuro e esperança de sucesso e entre satisfação e seu adiamento incerto. Abraçar o interesse próprio racional e a agitação afetiva torna-se algo ainda bem mais próximo. Eles recaem de modo mais intenso na órbita um do outro, a ponto de se contraírem um no outro, adentrando uma zona de indistinção, no cerne de cada ato.

É um círculo vicioso. Só se pode contar com efeitos multiplicadores positivos quando as escolhas racionais do indivíduo se reforçam mutuamente, se espalhando como um contágio. Esse é o ponto em que a escolha racional é indistinguível da "exuberância irracional" (na lendária expressão de Alan Greenspan, presidente da Reserva Federal dos Estados Unidos). Esse também é precisamente o mecanismo que forma bolhas especulativas que levam a crises.[7] Mais radical que o fato de que o mesmo mecanismo que promete satisfação a torna exponencialmente menos certa é o fato de que a obtenção da mesma satisfação prometida pode em si ocasionar uma crise. O cão de caça exausto do interesse próprio, girando sobre si para se deitar, desenha seu próprio círculo vicioso com seus movimentos autorrelacionados. Seu sono será agitado. Ele vai se contorcer com sonhos de coelhos evanescentes.

Desconfiança do sistema

Em tempos de crise, as primeiras palavras que saem da boca de qualquer líder econômico são: "precisamos restaurar a fé no sistema". Mas como o teórico do sistema Niklas Luhmann observou despreocupado, sob essas condições endêmicas, "a confiança repousa sobre uma ilusão". Em um campo econômico caótico, é impossível garantir as relações pessoais de confiança. "Na realidade, há menos informações disponíveis do que seria necessário para oferecer garantia de sucesso". "Explicações causais lineares fracassam". Por mais bem-intencionadas que outras partes possam ser, elas não são dignas de confiança. As dinâmicas não lineares da economia podem muito bem frustrar suas melhores intenções. O que um sistema empreendedor pode fazer?[8]

Se contar com vínculos pessoais de confiança estiver fora de questão, existe apenas uma opção: "despersonalizar" a confiança. Torná-la "impessoal". Faça com que o sistema confie no próprio sistema. "A confiança do sistema em si" é a única resposta. Mas como um indivíduo pode confiar num sistema que não confia em si mesmo para seguir sua própria linha? "Deve haver outras formas de desenvolver a confiança que não dependem do elemento pessoal. Mas quais são elas?" Luhmann tem uma resposta engenhosa para sua própria pergunta. Na verdade,

7. Sobre contágio e "psicologia de mercado", ver Marazzi (2008).
8. Para citações desse parágrafo ver Luhmann, 1979, p. 32 e 83.

você "desloca para a frente o limite da desconfiança de fato". Em outras palavras, você promove a desconfiança como ponto de partida. Você promove a desconfiança, mas não como o oposto da confiança: como seu "equivalente funcional".[9]

Que diabos isso significa? Significa que você "os integra de modo que eles intensificam um ao outro" (Luhmann, 1979, 92). Você junta a confiança e desconfiança em uma zona de indistinção na qual ambas estão em uma proximidade tão imediata que, à menor agitação, uma pode facilmente recair sobre a outra. Elas ressoam juntas, intensamente. Conforme as ações são realizadas, o estado afetivo resultante do indivíduo oscila entre as duas. Foucault aponta que o "horizonte" do campo neoliberal da vida é um campo de cada vez mais diferenciação que está constitutivamente aberto a "processos oscilatórios" (Foucault, 2008, p. 259).[10] Por diferenciação, ele está se referindo ao excesso de modos disciplinares da sociedade capitalista sobre o indivíduo e à proliferação de "práticas das minorias" (Foucault, 2008, p. 259). Quando menciona processos oscilatórios, ele está falando da flutuação de indicadores econômicos como salários, figuras geradoras de emprego, ordens industriais e, mais fundamentalmente, preços, que marcam os altos e baixos dos mecanismos autorregulatórios do sistema. Mas a mesma descrição se aplica igualmente bem à menor unidade da economia, o indivíduo empreendedor, como se aplica ao sistema como um todo. Em nível individual, confiança e desconfiança se juntam e intensificam uma à outra, ressoando juntas em imediata proximidade, formando seu próximo sistema oscilatório. Assim como o medo e a esperança, a satisfação e a autonegação, todos ali juntos.[11]

---

9. Para as citações deste parágrafo ver Luhmann, 1979, p. 46, 71,73, 88 e 93.

10. *Oscillatoire* foi traduzido para o inglês como *fluctuating*, "flutuante".

11. Para um desenvolvimento mais detalhado do conceito de polaridades processuais em proximidade numa "zona de indistinção" e a correspondente "lógica de mútua inclusão", ver Massumi (2014).

O sujeito de interesse individual que forma a unidade fundamental da sociedade capitalista é internamente diferenciado, contendo sua própria população de "práticas de minoria" de tom e tenor afetivo contrastante, em uma zona de indistinção entre cálculo racional e afetividade. Em outras palavras, há uma complexidade infraindividual quase caoticamente agitante dentro da menor unidade. O indivíduo permanece a menor unidade apesar dessa complexidade infranível, porque o que ressoa nesse nível não são elementos separáveis em interação. São elementos intensos, em intra-ação.[12] São variações imediatamente conectadas, mantidas sob tensão, ressoando juntas em imediata proximidade. Sua comovimentação oscilatória se expressa no nível do indivíduo, no qual ela é marcada por indicadores de flutuação, assim como as ações de atores econômicos individuais se expressam no nível sistêmico em indicadores flutuantes como preços. Chamamos de humores os indicadores da intra-ação que ocorre no nível infraindividual. Os humores, escreve Gilbert Ryle, são como "o clima, condições temporárias que de uma certa forma coletam ocorrências, mas não são, elas mesmas, ocorrências extra" (Ryle, 1949, p. 83). Os humores coletam infraocorrências e as somam em uma orientação geral direcionando para o próximo nível, assim como as flutuações de preço coletam decisões microeconômicas de atores individuais e as somam na orientação geral da economia como um todo.

Isso significa que precisamos acrescentar toda uma nova dimensão ao pensamento econômico. Embaixo do nível microeconômico do indivíduo existe o nível infraeconômico. Nesse nível, uma comoção afetiva gira e se mistura internamente. Suas variações estão tão imediatamente conectadas que não se pode analisá-las em ocorrências separadas. O indivíduo, falando de

---

12. Barad, 2007, p. 33. No que se segue, o prefixo "infra-" será usado em detrimento de "intra-", que tem uma conotação de interioridade sendo, portanto, limitado. "Infra-", por outro lado, tem a conotação de um limite em um contínuo sem limites, abaixo do qual há uma mudança de fase qualitativa na natureza dos fenômenos do contínuo.

modo "infra", não é um. Ele pode se juntar em um. Pode aparecer como um, para níveis mais altos. Mas, em si, são muitos. Muitas tendências: orientações e expressões em potencial mantidas juntas sob tensão. O indivíduo é fustigado por essas tendências, que se juntam de modo turbulento, dividido em relação a si mesmo. Dividido entre elas, aguardando seu complexo desenrolar em uma mudança na orientação geral, o "indivíduo" é o divíduo (Deleuze, 1995, p. 180). O divíduo é o indivíduo como infraclima afetivo, em relação consigo mesmo, preparado tumultuosamente para o que está por vir, bom ou ruim, estagnação ou anos dourados.[13]

Nada divide e multiplica o indivíduo tanto quanto sua própria relação com o futuro. A incerteza não é só externa, relacionada a acidentes e às ações imprevisíveis dos outros. É uma agitação interna. Mesmo agindo com o máximo de segurança possível, postergando uma decisão até os dias melhores que estão por vir, tudo o que você fez foi encontrar outra forma de aumentar a incerteza: agora não são mais só as decisões dos outros que são incógnitas para você, as suas próprias decisões também são. "Essas não decisões desconhecidas se repetem continuamente" (Pixley, 2004, p. 33). Quem sabe o que vai fazê-lo decidir quando decidir, ou o que você vai decidir quando decidir? Você ainda não conhece seu futuro eu. Você é intrafustigado por suas próprias tendências não resolvidas que aguardam um desenrolar complexo que tem tanta probabilidade de surpreender a você como qualquer estranho. A previsão do tempo é tão imprevisível no infraclima do (in)divíduo quanto em outras escalas.

O infraclima afetivo do divíduo preparado para o que possa acontecer é a toca de coelho da economia. As não decisões desconhecidas e as quase-não-ocorrências infinitamente recorrentes em uma turbulência de tendência são complexas da mesma forma que a economia como um todo. Ambas são como

---

13. Simon Critchley, em *Infinitely Demanding*, utiliza o termo "divíduo" ("dividual") em um sentido diferente (Critchley, 2007, p. 89). Para o autor, ele denota uma separação do sujeito, em diálogo com o conceito psicanalítico como interpretado por Lacan.

o tempo, sistemas auto-organizados quase caóticos. Isso cria toda uma nova perspectiva na escolha "racional". O indivíduo, diz Foucault, é incondicionalmente encaminhado para si mesmo, e esse encaminhamento é irredutível e intransferível. Isso significa que a decisão racional é incondicional, irredutível e intransferivelmente encaminhada a uma zona infraindividual de indistinção com afeto. Racionalidade e afeto tornam-se "equivalentes funcionais" pela definição de Luhmann: entrelaçados e mutuamente intensificantes, em uma zona de indistinção, no "limite imediato" da existência econômica.

A análise de Luhmann sobre confiança propõe que esse infranível de complexidade individual está diretamente conectado com o macronível coletivo do econômico, sem necessariamente passar pela mediação do nível microeconômico intervencionista no qual o indivíduo não é nada além de um. É uma característica determinante do ambiente complexo que os extremos da escala sejam sensíveis um ao outro, estejam afinados com as modulações um do outro. É isso que os torna oscilatórios. Eles podem perturbar um ao outro. Por exemplo, mudanças no clima em toda a extensão do sistema certamente ecoam no infranível, em uma área específica de neblina. Perturbações canalizadas do infranível estão aptas a amplificar-se em efeitos multiplicadores. Pense em como uma neblina local pode se tonar um enorme congestionamento de trânsito. A cegueira individual do sujeito de interesse é a neblina da economia. Quando efeitos multiplicadores são canalizados para cima, o indivíduo não está mediando entre os níveis de nenhuma forma convencional. Efeitos auto-organizadores são canalizados pelo nível individual em seu infracaminho para coisas maiores. O indivíduo é um mecanismo amplificador para a autoformação dos efeitos multiplicadores. Ele canaliza o ruído limiar do sistema – a indistinção funcional entre o cálculo racional e a reação afetiva – em uma ordem econômica emergente que é tão mutável e continuamente autorrenovável quanto o vento. Em um sentido bastante real, o infraindividual é a prova dos nove do sistema.

Quando Foucault diz que a escolha do indivíduo é irredutível, ele só pode querer dizer que a tendência à divisibilidade do indivíduo em relação a si mesmo é irredutível. O divíduo é irredutível. O "infra" do indivíduo é irredutível, no sentido de que, quando perturbações de todo o sistema sopram na sua toca, elas não podem seguir adiante. Elas não têm para onde ir, senão dar meia-volta e soprar para fora. A economia acaba nos recessos do infraindivíduo, que, como afirmou Foucault, é não apenas irredutível mas também intransferível. O que é intransferível é não intercambiável. No nível infraindividual, a possibilidade de troca chega ao fim. Se a economia é definida pela troca, então a economia acaba nos recessos do infra-individual. *Ela chega ao limite, como uma função de que é organizada – mas que está fora de sua lógica*. Foucault fala desse infranível afetivo como a "extremidade regressiva" da economia (Foucault, 2008, p. 272).

O infra-individual é a extremidade regressiva – recessiva ou imanente – da economia. O divíduo é o país das maravilhas não econômico, de vida intensa e turbulenta à beira da ação, que está no cerne da economia: é seu limite absoluto imanente. Extremidade – e reviravolta. Só é possível aproximar um limite absoluto. O movimento na direção da extremidade da economia ou desaparece em seu próprio regresso infinito ou retorna a si próprio.

Colapso do pacote da onda afetiva

Voltando à análise da confiança de Luhmann, dizer que a confiança e a desconfiança ressoam juntas em uma zona de indistinção de proximidade oscilatória imediata significa que o que é sentido antes de um ato econômico, em vias de acontecer, não é nem uma, nem a outra, nem confiança, nem desconfiança. Luhmann afirma que o que se sente é uma "prontidão" para sentir qualquer uma das duas (Luhmann, 1979, p. 79). O indivíduo está em um infraestado de *prontidão potencial*. Confiança e desconfiança estão juntas como potenciais copresentes para o que pode vir em sequência. Elas estão em sobreposição, no sentido em que a palavra é usada na física quântica. Ainda que inseparável, sua indistinção não é apagada. Ela é mantida em pronta reserva.

A sensação afetiva de prontidão potencial, continua Luhmann, pressupõe uma "reserva correspondente de energia que em outra parte não está determinada" (Luhmann, 1979, p. 80). Em outras palavras, o sistema em si, porque é similarmente complexo e não linear, está em um estado energizado de prontidão que está estruturado de forma homóloga ao estado afetivo do sujeito. A economia está pronta e "reagente", preparada, como suas unidades individuais, para o que está por vir, em um estado de agitação iminente. No infranível, a iminência é uma sobreposição de confiança e desconfiança em prontidão potencial. No nível macroeconômico, o que é mantido em prontidão potencial são os estados do sistema de sucesso e fracasso. No momento em que qualquer escolha é feita, o sucesso ou o fracasso dessa ação está "indeterminado algures". A direção que ela toma vai depender de ações ainda em tendência, ainda não decididas. O resultado econômico depende de como as expressões dessas tendências vão modular e ampliar umas às outras conforme se desenrolam turbulentamente no campo econômico em uma cascata de escolhas que ricocheteiam. Quando esse processo auto-organizador se resolve, os efeitos cumulativos serão "coletados" e "somados" em um indicador do sistema. Até que o "humor" da economia venha a se expressar dessa maneira, o sucesso e o fracasso se manterão em um estado de sobreposição – assim como a confiança e desconfiança no nível individual. Os estados afetivos de confiança e desconfiança e os estados do sistema de sucesso e fracasso estão em dois polos oscilatórios do processo econômico. Eles são sensíveis uns aos outros. E se determinam reciprocamente, conectados de modo efetivo atravessando suas diferenças de natureza e a distância entre níveis por meio de um processo complexo e não linear de devolutivas (*feedback*) e antecipações (*feedforward*).

Sob essas condições, o sujeito de interesse não está em posição de saber como qualquer ato vai se desenrolar. Mas não pode não agir. Você só pode adiar por tanto tempo, ou neste prazo, e apenas em certas áreas da sua atividade. Qualquer ato que você desempenhe desencadeia o processo que leva à resolução da comoção de estados afetivos, mantidos complexamente juntos em tensão na potencial prontidão infraindividual, em um resultado determinável e registrável em termos de sucesso ou fracasso. Em resumo, fazer escolhas leva ao colapso da sobreposição dos estados afetivos. Tomando emprestado o vocabulário da física quântica, gera o colapso do pacote de ondas afetivas. Uma partícula de confiança e desconfiança entra no mundo, onde vai perturbar a complexidade infraindividual de outros (in)divíduos preparados para a ação. Mais uma vez, assim como na física quântica, a causalidade é recorrente. A determinação do que o ato terá efetivamente sido, em que estado ele terá sido encontrado, está em suspense até que uma mensuração seja tomada. A mensuração determina o que será, e o que terá sido. Até então, o que ocorreu é menos um ato ou uma escolha do que uma perturbação ainda não resolvida. A perturbação deve escoar até o nível em que é coletada e arrumada em indicadores econômicos gerais antes que possa ser determinada. Os números são divulgados todo mês e, no caso dos que carregam mais peso afetivamente e que são aguardados com ansiedade, trimestralmente. Enquanto isso, indicadores particulares, como a bolsa de valores ou o preço do petróleo, flutuam continuamente como o bater das pequenas asas de uma borboleta. Agora, com a internet, as flutuações podem ser acompanhadas minuto a minuto ou até segundo a segundo. Sem os indicadores trimestrais para contextualizá-los, extrapolar uma tendência desse bater de asas econômico é, no mínimo, altamente conjectural. Acontecimentos extraeconômicos, como uma crise política em uma área do mundo produtora de petróleo, podem assustar investidores e consumidores. Essas perturbações extraeconômicas afetam ainda mais por antecipação. A incerteza dessas chamadas "externalidades negativas", e quais serão as repercussões caso elas ocorram, lança tremores no sistema. Esses calafrios aumentam quase instantaneamente e se tornam uma febre baixa que pode, a qualquer momento, provar ter sido o começo de uma doença crônica. O sistema é um estado contínuo de excitabilidade patológica, se não por causa da publicação de novos indicadores, então nos intervalos entre eles, na urgência da sensação de ter que reagir às tendências *antes que elas surjam* num nível suficientemente macro e sejam organizadas sumariamente nos indicadores.

Enfrentar as ameaças antes que aconteçam era a definição de *preempção* do governo Bush (Massumi, 2007). A economia, constantemente agitada pelos afetivamente ralados, sente a necessidade de preempção. À medida que a economia neoliberal se estabelece, o diferimento se torna cada vez menos uma opção, e a ação preemptiva cada vez mais um imperativo.[14] Isso faz da economia mais um *ativador* emocional do que um ato racional e efetivo. Ela se abastece mais das perturbações e das amplificações em cascata do que determinados atos de escolha.

Enquanto esses estados de agitação emocional aumentam, os atores econômicos acabam reagindo com frequência, e de modo mais direto, aos estados emocionais agitados de outros atores. Isso faz surgir toda uma nova indústria de serviços, a da "análise de humor da internet". A internet é rastreada por algoritmos que buscam palavras carregadas de emoção e terminologia para fazer uma medição de pulso em tempo real do humor da economia. Esses serviços são conhecidos por nomes

---

14. Sobre novas abordagens para moldar a economia que devem categorizadas como preemptivas (ainda que não reivindiquem o título), ver "Um feito realizado através de mim", neste volume.

como AlmagaMood, cujo slogan chamativo é "Leveraging Big Data to Enhance Investment Foresight" (usando *big data* para aumentar a predição de investimentos).

Não são só os sites de economia que são calibrados pelo humor. É a internet toda, incluindo blogs, sites de notícias e o cada vez maior universo do Twitter. A economia como um todo vibra com a inconstância do que os especialistas chamam de "humor social". Esse registro do humor baseado na internet ocorre informalmente por meio das redes sociais e de todas as formas de *networking*. Na nossa sociedade conectada, com o alcance global de mídia e a convergência de plataformas da internet, qualquer ação em qualquer lugar ecoa, potencialmente, em toda parte, em uma analogia econômica da ação "fantasmagórica" a distância de Einstein. Pacotes de ondas de prontidão entram em colapso, sistemática e afetivamente, em tempo real (ou seu equivalente funcional da internet). Ações individuais se misturam emocionalmente a distância. É apenas o complexo desenrolar desses emaranhados que decide afinal o que é um sucesso e um fracasso. Complexamente correlacionados a cada *quantum* de sucesso ou fracasso, vão se expressar determinados estados afetivos de confiança e desconfiança, satisfação ou frustração.

Atores econômicos individuais estão infraconectados. Estão conectados a distância, nos recônditos de suas tocas de coelho afetivas. E se comunicam a distância, em uma proximidade afetiva imanente, misturando e revirando as extremidades regressivas de suas respectivas (in)dividualidades. *O infranível ecoa transindividualmente*. Indivíduos assustam um ao outro ou instigam um ao outro, redirecinando o que neles é intransferível como indivíduos: sua comoção afetiva infraindividual. Elas ecoam, no limite da economia, em sua dividualidade. Conforme perturbam um ao outro reciprocamente, seu pacote de ondas potenciais de prontidão entra em colapso, correlacionado transindividualmente a distância. Medidas de confiança e desconfiança voam em todas as direções. Essas emissões emocionais alimentam expressões no nível macro de sucesso ou fracasso econômico, que rapidamente retroalimentam dos sistemas macro para as infrarrixas afetivas.

Dadas as intersensibilidades entre as escalas, no limite, *o sistema econômico e o sujeito de interesse estão, eles mesmos, em um estado funcional de indistinção*. O sistema todo está sempre num caminho caótico e confuso/entrando na toca do coelho. Da mesma forma, reemerge continuamente, por meio de efeitos múltiplos, canalizados por ações individuais com inflexões afetivas, até voltar ao seu próprio nível. Ele não faz o trajeto até seu extremo regressivo e de volta sem ser modificado. Ele devém em trânsito. Além do *sistema* econômico – as precárias ordens emergentes da economia mais ou menos reguladas por mecanismos de mercado macroeconômicos, e mais ou menos analisáveis por indicadores quantitativos –, existe o *processo* caótico desse vaivém entre níveis a partir dos quais as determinações econômicas emergem periodicamente.[15] O processo como um todo não é nem governável nem quantificável. Ele é relacional-emocional. Dado o vínculo paradoxal entre a afetividade do processo relacional e a racionalidade conturbada de suas ordenações emergentes, o sistema que é a soma das ordens é, na melhor das hipóteses, metaestável: de estabilidade precária, cambaleia entre surtos de perda de equilíbrio e vertigem processual.

A toca de coelho de afeto de cada indivíduo desorientado está no limite imanente da economia. Esse aglomerado de extremos regressivos se "comunica", emaranhados a distância. Esse entrelaçamento transindividual compõe o que Deleuze e Guattari chamariam de "plano de imanência" da economia. O plano de imanência da economia é o limite irredutivelmente afetivo de um campo complexamente relacional. É a economia em seu limite co-mocional absoluto de movimentações tendenciais em prontidão potencial e incerta.

No plano da imanência, o sistema econômico e o sujeito de

15. Sobre a distinção entre sistemas, ver Massumi (2009a).

interesse estão conjuntamente em potencial, em um estado funcional de indistinção no nível em que a ação está só começando a se mexer, na incipiência do que está por vir. A simetria entre o infraindivíduo e o campo econômico como um todo, em toda a sua diferença de escala, é apenas aparente. O infranível é, num sentido muito real, o maior dos dois, no sentido de que ele germinalmente inclui a relação entre os níveis, no limite imanente. Emaranhado na zona de indistinção da prontidão potencial, o sujeito e o sistema se juntam, para se tornar juntos. Cada pequeno ato que surge da extremidade regressiva provoca um colapso no pacote de ondas, destruindo o infraestado de indistinção funcional. A comoção no nível infraindividual se expressa. Ela é então registrada como uma ocorrência indexável, calculando a relação irredutível e intransferível do indivíduo consigo mesmo em um ato economicamente significativo. Por meio do registro do ato, níveis discerníveis voltam para o lugar. A sanfona se abre novamente. O sistema se autorreorganiza a partir de seu processo de entocar coelhos.

A autorrelação do indivíduo, na dimensão dividual "dissociativa", é a prova dos nove da auto-organização integral do sistema. Cada pequeno ato ajuda a mudar a direção global do sistema, enquanto a economia alavanca seu futuro durante o processo. O futuro do sistema também é o futuro de cada indivíduo, conforme ele navega a jornada da vida por meio dos sucessos e fracassos econômicos. O sistema e seus ocupantes devêm juntos. Cada pequeno ato exerce um *quantum* de poder criativo, global e regionalmente, na correlação do vaivém com que uma sanfona é tocada. Toda pequena escolha exerce, até certo grau, um poder de adequação local-global: um ontopoder. O que foi perdido para o sistema e para os indivíduos em termos de capacidade de aprendizado, calculabilidade e previsibilidade é recuperado no ressonante ontopoder. Enquanto poder de adequação, ontopoder é um poder criativo. O modelo econômico, diz Foucault, agora é um modelo de existência em si. A existência em si: em que ser é devir.

Quando o que é criado é um estado de confiança no sistema,

Luhmann enfatiza que a verdade é inteiramente "injustificada".[16] Ela pode ser racionalizável depois do fato, mas na sua gênese é racionalmente infundada. Não ocorre como um resultado distinto de uma decisão racional que antecede criteriosamente as ações que provocaram seu surgimento. Vem com toda força em um regresso afetivo, com sua reviravolta se desenrolando. Em última instância, todos os atos econômicos são racionalmente infundados no limite da economia. O que não significa que sejam afetivamente fundados. Qualquer estado de confiança do sistema que surge é injustificado tanto afetiva quanto racionalmente. Ele não foi baseado em nenhum preparativo para a ação que possa ser qualificado como confiável. As transações que funcionaram bem e levaram ao sucesso provaram ser confiáveis. Elas se tornaram confiáveis, em consequência do modo como se desenrolaram. O estado de confiança do sistema é efetivamente a sua própria justificação. Ele se "justifica a si mesmo", escreve Luhmann, na maneira como "se torna criativo" (Luhmann, 1979, p. 78): na maneira emergentemente criativa como é gerado como um efeito de confiança da auto-organização complexa da economia. A emergência auto-organizável do efeito de confiança se valida retroativamente. E se valida afetivamente na moeda da satisfação obtida.

Se efeitos de confiança suficientes surgirem em um ritmo de geração suficiente, então, por mais injustificáveis que sejam, o sistema tem uma chance de continuidade, em uma orientação positiva, em uma tendência ascendente. A confiança no sistema foi restaurada. As condições afetivas para a produção continuada da mais-valia estão em vigor. Ações de continuidade reforçam tendências. O feedback positivo entre os níveis sistêmico e infraindividual se encaixam. Os efeitos multiplicadores positivos borbulham pela economia.

Quando os indicadores saem, os efeitos estão lá para serem vistos, racionalmente resumidos em uma tendência. Esse recorte

16. Luhmann, 1979, p. 78

pode então ser projetado em tendências futuras. Baseado nessas projeções estatísticas, um cálculo de risco e probabilidades pode ser feito. O efeito afetivo é racionalizado ao máximo. Os indicadores racionalizantes alimentam a atividade econômica, reforçando as condições afetivas para o crescimento, que, por sua vez, retroalimentam as extremidades regressivas da economia que compõem seu plano de imanência. Girando em torno delas, eles ressoam transindividualmente pelo campo econômico. *Feedback loop.* Do ponto de vista econômico, afetividade e racionalidade circulam criativamente uma pela outra. O regresso ao limite extremo da economia e a progressão crescente dos indicadores econômicos são um único movimento de mão dupla de feedback recíproco. São pulsações sistematicamente sobrepostas do processo capitalista, mais poderosas juntas.

Espelhando o vocabulário quântico da redução do pacote de ondas, Luhmann se refere à produção de um estado de confiança do sistema como uma "redução de complexidade". A economia não pode ser microgerenciada: não pode haver *laissez-faire* do governo. Ainda que a economia não possa ser microgerenciada, por meio do processo de feedback ela pode ser infra-alimentada na direção da emergência de efeitos de confiança. A instabilidade da economia pode, pelo menos por determinados hiatos, ser afetivamente preparada para uma metaestabilidade: uma estabilidade temporária arrancada emergencialmente de condições longe do equilíbrio. Dias de glória. Dias de férias da grande força desestabilizadora da complexidade. Estabilidade temporária: ninguém sabe de fato quanto tempo as tendências vão durar. A confiança no sistema é um resultado forjado e frágil, hipersensível à perturbação.

Luhmann leva o argumento até ao fim: "na redução da complexidade", transformando-se em um estado metaestável, no limite imanente, no cerne do processo, "sempre há um momento instável incalculável". É em torno desse momento instável, incalculável e hipersensível que tudo começa a girar. O princípio de decisão em vigor "não pode estar na capacidade cognitiva" que de fato envolve um cálculo que direciona a ação antes do fato. Em última instância, não existe um saber prospectivo no ato econômico. O processo todo na verdade funciona melhor, defende Luhmann, se a consciência de confiança e desconfiança for perdida, de modo que a redução do pacote de ondas do potencial de prontidão "se torne autônomo"[17] – para que as decisões se tornem autônomas. É melhor que a agitação afetiva do sistema, por meio da qual ocorrem os ciclos de "racionalidade" do sistema, se mantenha desconhecida até para si mesma.[18]

A não consciência se torna o ator econômico decisivo.

17. Para citações até aqui neste parágrafo, ver Luhmann, 1979, p. 71, 74 e 79.
18. Sobre tornar-se autônomo do sistema de auto-organização afetiva em suas dimensões políticas, ver Massumi (2005).

Um feito realizado através de mim

> Parece evidente que os fins últimos das ações humanas não podem, em nenhum caso, ser explicados pela razão, mas recomendam-se inteiramente aos sentidos e afecções da humanidade.
>
> DAVID HUME, *An Enquiry Concerning Principles of Human Morals*

Parece evidente que o sujeito individual de interesse não pode mais ser considerado um agente autônomo de escolhas calculadas. *É o ato de escolher que é autônomo*, na dimensão dissociativa do divíduo: a do indivíduo, absorto na relação consigo mesmo, bombardeado por sobreposições de estados contrastantes em uma imanência mútua de indistinção funcional. Escolhas transbordam não conscientemente do potencial de prontidão do ponto cego afetivo do sujeito. Esse nível não consciente é *não* pessoal. Na intensidade de sua imanência, todo o sistema, em todas as suas escalas, ressoa em potencial, levado ao limite absoluto do seu extremo regressivo. Esse infranível contém em si todos os estados do sistema, imanentemente, em potencial. Ele se dissocia de outros indivíduos e outros níveis apenas para melhor se alimentar com o que, em outra parte do sistema, vai atuar como estados diferentes, seguindo tendências divergentes: distribuições de sucesso e fracasso, confiança e desconfiança, *boom* e baque, satisfação e frustração, esperança e medo. O nível não consciente infraindividual é, no limite, a sobreposição não pessoal de todos os níveis, na dimensão dissociativa de sua junção distributiva.

Na estranha e hiperdiferenciada infrazona de indistinção entre estados contrastantes, quem ou o que decide? Falando dividualmente, quem ou o que escolhe? A escolha acontece, não há como negar. E, na realidade, ela é criativa: um ato ontopoderoso. É equivalente a uma decisão existencial. Mas quem ou o que decide? A resposta é: ninguém – assim como *personne*, do francês, que pode significar tanto "alguém", quanto "ninguém". As decisões acontecem: afetiva e sistematicamente, na zona autônoma processual não consciente na qual estados mutuamente excludentes se juntam. O acontecimento decide como acontece.

No momento decisivo, o *self* não está mais em um estado de atividade determinada do que em um estado cognitivo. Ele está absorto em uma potencial prontidão que é intensamente *superdeterminada*, mantendo, como diz Luhmann, "toda uma gama de diferenças possíveis" em "latência sublimiar" (Luhmann, 1979, p. 73). Toda a gama de potenciais está ali junta, em sua diferença. Eles estão em um estado de inclusão mútua, prestes a, posicionados na direção do colapso destinado a transformar a superdeterminação do efeito determinado do "e-ambos" em "isso-não--aquilo", registrável em um cálculo de risco e probabilidade: de intensidade para estatística. Esse é o arco do tornar-se neoliberal.

A "latência subliminar" não consciente, agitando-se com a intensidade de uma gama de potenciais mutuamente inclusiva, em intensidade co-mocional, merece um nome só seu: *atividade nua*.

Quando falamos da "autorrelação" do sujeito de interesse com a atividade nua, ou da relação do indivíduo com sua dimensão infraindividual, o "eu", ou *self*, deve ser entendido direcionalmente. Não se trata de um substantivo. Ele conota retorno. É um movimento. O que se move até o limite do campo econômico do extremo regressivo da vida não tem para onde ir senão voltar para fora, devir. Aquilo que entra devém para fora. O plano da imanência do infraindivíduo é, no limite, totalmente abrangente, totalmente emitente. É a autorrelação, nesse movimento duplo, do campo da vida consigo mesmo. O "auto-" tem função de advérbio, não de substantivo. Ele qualifica o movimento de absorção para-dentro-do-limite-imanente e ejetor para-fora-no-devir da atividade nua. E conota um vetor da vida que acaba se dobrando de volta para a zona autônoma de potencial prontidão da qual se decidirá seu próximo passo. A autorrelação nesse sentido não é reflexiva nem no jargão filosófico, nem no sentido psicológico. Ambos os conceitos tornam o acontecimento recognitivo, o que implica reconhecimento consciente ou cálculo racional – exatamente o que Luhmann confiou não ser o caso.

Tudo isso muda radicalmente o que significa escolher. Nós de fato temos uma palavra para uma escolha que se faz por conta própria. Existe um nome para uma decisão que aflora de um estado de desconhecimento e, no entanto, ainda produz conhecimento de fato. Para um ato que tem intensa ressonância pessoal, mas sobre cuja chegada não se pode dizer "eu o senti" em plena consciência. Um feito realizado mais *através* de mim, autorrelacionado, do que *pelo* eu. Isso acaba trazendo um momento criativo para a vida de modo a ficar registrado como uma mudança em mim que também muda o mundo. Essa palavra é *intuição*.

O paradoxo básico do sujeito econômico de interesse é que o "cálculo" de interesse é impensável sem referência à atividade subliminar, ela mesma mais semelhante a um flash não pessoal de intuição, do que a uma deliberação consciente feita passo a passo. A "racionalidade" no sistema se refere necessariamente a uma autonomia de decisão interna à atividade nua de uma autorrelação afetiva.

Deliberação sem atenção

Nos anos 1990, período em que a desregulação do mercado neoliberal e o *laissez-faire-para-todos-menos-o-governo* ganharam um impulso irrefreável, a filosofia de gestão ficou obcecada com a teoria do caos. A ordem do dia era aprender a surfar na complexidade, extraindo mais-valia rapidamente, nas condições mais fluidas, na ausência de conhecimento adequado para decisões plenamente consideradas e a certeza que elas proporcionam. Esse é o período em que o empreendimento capitalista se torna uma "arte" de tomar decisões. As prateleiras de livros sobre administração ficaram repletas de "criatividade", "instinto" e "zen". Reza a lenda que os alquimistas de outrora transformavam os materiais mais inconstantes em ouro. Dada a complexidade nada equilibrada da economia de globalização, uma nova alquimia capitalista foi necessária para transmutar incerteza em lucro.

É preciso considerar, à luz da insistência do economista neoliberal, como analisado por Foucault, que no mercado desregulado o sujeito de interesse individual não é mais definido pela sua categoria social, ou posição em uma comunidade, mas por sua atividade empreendedora. O indivíduo neoliberal é o que Foucault chama de sujeito-empresa. "Sendo o capital assim definido como o que torna possível uma renda futura, renda essa que é o salário, vocês veem que se trata de um capital que é praticamente indissociável de quem o detém". (Foucault, 2008, p. 308). O "próprio trabalhador aparece como uma espécie de empresa para si mesmo": "empresário de si mesmo" (2008, p. 317). O indivíduo se torna uma empresa, assim como a empresa em todas as escalas se torna a unidade fundamental da sociedade (2008, p. 317). O indivíduo-empresa investe ativa e afetivamente na própria vida, para a satisfação futura de um salário mais alto, um bom retorno em um investimento monetário e uma aposentadoria feliz. O residente da economia neoliberal não é mais um cidadão. É um capital humano (2008, p. 311-36) ou, com o peso do latim, *homo oeconomicus*. O capital humano navega o mesmo universo de complexidade e estrutura interligada de vida que as demais pessoas-empresa. "Corporações também são pessoas!", bradou o candidato à presidência (e a Suprema Corte dos Estados Unidos concorda).[1] Como

---

1. Para ler o infame pronunciamento do candidato à presidência dos Estados Unidos Mitt Romney, ver Rucker (2011). A decisão de 2010 da Suprema Corte no caso "Citizens United

capital humano, o autogerenciamento do indivíduo – suas tentativas de administrar sua autorrelação como um investimento no próprio futuro – deve se tornar uma arte criativa de escolha. Correlativamente, a arte pessoal da escolha precisa se tornar corporativa, em conformidade com o enredamento de níveis.

O gerenciamento, o autoaperfeiçoamento e a literatura psicológica da década de 2000 estão inundados de teoria de ação intuitiva e conselhos sobre como mobilizar ou modular os poderes de decisão não consciente, hoje considerada para efeitos de capital humano mais fundamental do ponto de vista econômico, quando não melhor em todos os casos do que o raciocínio. Boa parte da literatura celebra decisões não conscientes, estimulando o pressentimento. Esses registros são fomentados por estudos que demonstram, por exemplo, que quanto mais cálculos e deliberação racional são empregados quando se toma uma decisão de consumo, tal como a compra de um carro novo, é menos provável que a escolha vá corresponder a uma análise especializada de custo-benefício, e menos satisfatória será considerada a experiência no "pós-escolha" – ainda que independentemente da questão de custo-efetividade. Estudos influentes encontraram *uma correlação negativa entre o cálculo racional e a satisfação do consumidor*. A escolha não consciente – "deliberação-sem-atenção" intuitiva – produziu escolhas "melhores". Esse efeito foi sutil para escolhas "simples" e pronunciado para escolhas complexas, que nesse contexto são as mesmas que escolhas "dispendiosas" (Dijksterhuis et al., 2006). Em outras palavras, quanto mais está em jogo em uma escolha, menos se pode contar que um cálculo racional resulte em uma decisão satisfatória, econômica e afetivamente falando.

---

vs. FED (Comissão Eleitoral Federal)" estendeu os direitos individuais de liberdade de expressão a empresas e usou a homologia entre personalidade individual e personalidade corporativa para derrubar os limites para doações de campanha como uma violação do direito individual à liberdade de expressão garantida na Constituição dos Estados Unidos.

Na vida de um indivíduo, isso pode levar a um desincentivo sentido visceralmente a escolher "com sabedoria" pelos padrões racionais convencionais. Em algum ponto do caminho, parece que o "bom" consumidor saltou pela janela do carro junto com o "bom" cidadão, o da antiga sociedade civil, pré-capital humano.[2]

O racionalismo econômico não pode ser desenredado dos fatores afetivos autodecisórios – tanto menos onde ele mais importa. Questões de confiança à parte, a questão do que conta como "sucesso" e "fracasso" está sujeita a interferência afetiva. Ela não pode ser reduzida a uma análise de custo-benefício puramente econômica. Quando a interferência afetiva não vem da incerteza no ambiente e nas relações do indivíduo com os demais, ela ainda ocorre – da relação decisória do indivíduo consigo. A aposta neoliberal de tornar o interesse próprio o princípio fundamental da economia depende de manter uma equação rígida entre satisfação de vida e o cálculo racional da escolha. O residente do mundo neoliberal é chamado a equiparar o valor da experiência de sua vida – a *mais-valia da vida* que faz com que cada pulsão de vida pareça valer ser vivida por si só, muito além da conquista cada vez mais impressionante de apenas sobreviver – com medidas quantitativas padrão de sucesso econômico. É exatamente essa equação que se desfaz cada vez mais. Fica claro que

2. Claro, nem todos os comentadores na literatura sobre a tomada decisão não consciente abrem mão por completo da escolha racional, mas existe um consenso de que ela está em crise. Alguns enfatizam a necessidade de administrar os vieses da escolha intuitiva (como a dificuldade mencionada abaixo de reagir afetivamente à probabilidade) pelo treinamento das nossas habilidades de fazer escolhas racionais. Outros enfatizam a necessidade de criar condições propícias para a intuição funcionar por conta própria para seu melhor proveito. Aqui está uma lista dos títulos mais conhecidos na literatura popular sobre as proezas e os problemas da tomada de decisão não consciente: *Sources of Power* (Klein); *Strangers to Ourselves* (Wilson); *Blink: a decisão num piscar de olhos* (Gladwell); *Nudge: como tomar melhores decisões sobre saúde, dinheiro e felicidade* (Thaler e Sunstein); *Previsivelmente irracional: aprenda a tomar melhores decisões* (Ariely); *How We Decide* (Lehrer); *The Power of Pull* (Hagel, Brown e Davison); e *Rápido e devagar: duas formas de pensar* (Kahneman). Todos esses títulos, com exceção de Wilson, destacam o raciocínio econômico. Para a posição contrária, que enfatiza as limitações da intuição, ver *O gorila invisível e outros equívocos da intuição* (Chabris e Simons). Para uma discussão filosófica, na linha da filosofia analítica, sobre o pensamento e a emoção não conscientes, ver *Gut Reactions* (Prinz).

existe alguma coisa na própria natureza da natureza que proíbe isso. A própria definição de "sucesso" oscila entre determinantes afetivos e econômicos. Isso coloca a integridade do capital humano em questão, o que não é apenas uma complicação circunstancial. Está mais para um defeito de nascença em seu DNA.

Costuma-se reconhecer na literatura que o "pressentimento" costuma tropeçar quando se lida com probabilidades e estatísticas abstratas. Mas precisamos olhar para essa reserva sobre o pressentimento com reservas. Porque nada vai mudar o fato de que indicadores macroeconômicos são estatísticos, o que significa que eles contêm uma margem de erro que os torna inerentemente incertos, ao lidar com problemas como as estatísticas o fazem. Previsões econômicas projetam incertezas probabilísticas adiante. Isso significa, mais uma vez, que os resultados são indecidíveis a respeito de qualquer caso específico. No nível das decisões individuais, previsões econômicas são pouco mais que uma estrutura matemática dentro da qual a intuição opera, adornada pelo verniz da cientificidade. O cálculo de risco não é tudo o que se diz dele, como já ficou bem provado pela regularidade com que crises pegam especialistas de surpresa, ainda que todo mundo saiba que elas ocorrem periodicamente e são endêmicas ao processo capitalista. A mais bem formada bateria de números econômicos está afetivamente cercada por uma penumbra de incerteza inexplicável. Atores econômicos individuais acabam não tendo para onde ir senão de volta para a toca do coelho. Nenhuma quantidade de modelagem sofisticada vai expurgar a dura realidade econômica de que, sob condições complexas de incerteza, a escolha racional e a intuição movida pelo afeto adentram uma zona de indistinção. Para colocar em outros termos, "a racionalidade sobre o desconhecido requer emoções" (Pixley, 2004, p. 30).[3]

3. Existem correntes de pensamento após a crise de 2007-8 que argumentam que a lição a ser aprendida é que, apesar de a economia ser um sistema longe do equilíbrio, a ciência e a matemática da complexidade podem levar – como até se verifica na previsão do tempo – a uma melhor previsão macroeconômica do que aquela assente na ainda dominante

modelagem baseada na escolha racional. Mesmo que não se consiga eliminar a incerteza (como se pode facilmente comprovar com todas as pessoas que se arrependem da roupa que vestiram depois de tomarem a decisão no dia anterior com base na previsão do tempo), a asserção é que isso pode restaurar a confiança no sistema ao auxiliar reguladores estatais e *players* financeiros de grande escala a evitar pontos de inflexão econômicos excepcionais. De acordo com essa lógica, a causa fundamental dos fracassos econômicos como o *crash* de 2007-8 é "o fracasso de algumas instituições financeiras muito sofisticadas em pensar como físicos" (Weatherall, 2013, p. 223). Ver também Buchanan (2013). Essas análises, que lutam para salvar o neoliberalismo de si mesmo, na verdade efetuam um deslocamento significativo: o elemento fundante deixa de ser o "sujeito" de interesse e passa a ser as leis de "natureza" complexa. Essa mudança pode ser vista como uma tensão constitutiva da "ambientalidade" do regime de poder associado ao neoliberalismo (Massumi, 2009a). Para uma crítica radical da ideia de probabilidade e seu elemento associado de possibilidade, tal como aparecem na modelagem econômica tradicional, ver Ayache (2010). Ayache coloca em questão o próprio conceito de predição, argumentando que existe uma contingência para os mercados financeiros e, dada sua financeirização desenfreada (Marazzi, 2008, p. 101-45), da economia neoliberal como um todo.

Um novo discurso relacionado à previsibilidade de acontecimentos extremos que ocorrem em um sistema longe do equilíbrio causou furor recentemente (Cavalcante et al., 2013). Um olhar mais atento sugere que o que está sendo prometido na verdade é menos previsão do que preempção. Os autores estudaram sistemas oscilatórios compostos, formados por dois subsistemas oscilatórios conjugados. Eles observaram que a frequência de acontecimentos de crises extremas em que a oscilação do sistema súbita e dramaticamente se afasta do padrão – notoriamente chamados de "cisnes negros" por Nassim Taleb (2010) – de fato não segue a lei da potência na qual análises probabilísticas de sistemas caóticos complexos são baseadas. A lei da potência afirma que acontecimentos extremos serão exponencialmente menos frequentes que acontecimentos menores e menos desviantes. Cavalcante e colaboradores observam que, apesar de ainda serem raros, os acontecimentos extremos de fato são mais frequentes do que a distribuição da lei da potência permitiria. Chamam esses cisnes negros ansiosos de *dragon kings* – ou "reis dragão". Sua teorização é baseada em estudos do que pode ser chamado de um sistema físico complexo simples: dois circuitos eletrônicos caóticos, cada um deles um sistema oscilatório próprio, acoplados para formar um sistema oscilatório integrado que revela um comportamento caótico próprio. Descobriram que acontecimentos extremos ocorrem quando dois subsistemas oscilatórios são sincronizados mais estreitamente. O que os precipita é o ruído (ruído térmico no caso de circuitos eletrônicos), criando uma "leve incompatibilidade de parâmetro" e tirando as oscilações de sua órbita habitual. O sistema então segue em uma "excursão": ele se afasta dramaticamente do espaço fásico, exibindo comportamentos diferentes de qualquer um visto no padrão usual de oscilação caótica. Descobriram que, se monitorassem o sistema em tempo real, poderiam identificar *hot spots*: "reis dragão" incipientes prestes a seguir em uma excursão impetuosa. Além disso, descobriram que, se acrescentassem contraperturbações à perturbação do ruído, o rei dragão poderia ser firmado. As asas do acontecimento são cortadas, e ele não consegue decolar. Isso não é tanto uma previsão antecipada quanto uma detecção em tempo real. A resposta não é preventiva, mas preemptiva: ela depende da produção de problemas básicos (perturbação sistêmica), mas sob condições de incipiência em que aumentar o problema o neutraliza: "Nós basicamente matamos o rei dragão no ovo. O contramecanismo o mata quando

A geleia da escolha racional

Voltando à questão da relação do ator individual consigo mesmo, temos visto uma mudança tectônica na psicologia experimental uma vez que ela se tornou cada vez mais preocupada nos últimos dez ou quinze anos com cutucar empiricamente a toca do coelho do afeto. Estudos sobre não consciência se tornaram um campo crescente em todas as áreas, mais problemático para muitas pessoas em áreas-chave de decisão e escolha. Mais recentemente, a teoria da escolha racional teve de lidar com o campo emergente da teoria da cegueira de escolha (CB, ou *choice blindness*). Na ciência da escolha, uma mudança estrondosa está ocorrendo no uso de acrônimos, de REM (homem econômico racional, ou *rational economic man*) para CB. O desafio não é apenas em relação à confiabilidade de escolha de alguém sob condições de extrema incerteza. Ele chega aos menores recessos das situações mais cotidianas – e ascende às alturas mais supostamente sólidas da orientação moral do indivíduo.

ele está florescendo" (Grossman, 2013). [Sobre a diferença entre predição/prevenção e detecção de incipiência/preempção e sobre a natureza produtiva ou contraprodutiva da preempção, ver Massumi (2007).] Cavalcante e colaboradores aplicam o modelo derivado desses estudos aos mercados financeiros e à economia como um todo. Apesar de haver um pouco de ceticismo entre os especialistas quanto à possibilidade de extrapolar conclusões baseadas em um sistema complexo tão simples para um sistema tão infinitamente complexo quanto a economia, é fácil enxergar a analogia. A sincronização de subsistemas oscilatórios corresponde a um pânico financeiro ou período de "exuberância irracional". O ruído que dispara uma excursão anômala do sistema que a afasta de seus parâmetros caóticos de sempre, e vai na direção de um acontecimento extremo ou grande crise, corresponde à interferência/ressonância entre afetividade e escolha racional. A excursão corresponde a uma crise econômica – ou a um acontecimento político autocatalisador que desafia a ordem estabelecida, como as que serão discutidas mais adiante neste livro. Apesar das afirmações de poder preditivo que essa abordagem preemptiva à modelagem econômica faz para si mesma, não fica nada claro que seja em contradição ao ponto de vista de Ayache de que a "contingência absoluta" está fundamentalmente em ação na economia. O que é o "ruído" senão uma irrupção de contingência? Em todo caso, Ayache e Cavalcante e colaboradores concordam na fraqueza constitutiva dos modelos baseados em probabilidade, e que as afirmações (ou esperanças) sobre o seu valor preditivo são exageradas. É significativo que o modelo preemptivo de Cavalcante e colaboradores, que coloca a probabilidade em questão, está rigorosamente baseado em "pensar como um físico".

Existem ações estranhas no festim da escolha. Pesquisadores da psicologia da escolha do consumidor pediram que participantes do estudo fizessem uma escolha simples: entre duas variedades de chá e geleia (Hall et al., 2010). Os sabores das alternativas propostas eram completamente diferentes, por exemplo, maçã com canela e toranja. Foi perguntado qual variedade os participantes prefeririam. Os pesquisadores então trocaram as variedades sem o conhecimento dos degustadores. Então foi pedido que eles pegassem o que pensavam ser uma segunda amostra do seu sabor preferido e explicassem por que gostavam mais desse sabor. *Dois terços dos participantes não notaram a troca.* Um fã de maçã com canela ingeriu toranja animadamente – e explicou sua preferência de maneira convincente. E ainda se fala em racionalização da escolha.

Por um lado, essa "cegueira de escolha" demonstra o poder do *priming* perceptivo. Uma sensação futura pode ser criada para se conformar com uma sensação passada, da qual ela é fundamentalmente diferente, por força de expectativa. "Expectativa" pode consistir simplesmente em uma ausência de signos de que alguma coisa mudou, de modo que um novo acontecimento é inconscientemente equiparado ao acontecimento prévio por impulso entrópico. Isso é o que Whitehead chama de "conformidade de sentimento", na qual o momento presente emerge como uma continuação da "forma subjetiva" do passado imediato (Whitehead, 1967, p. 183-4).[4] Os participantes do experimento, prontos para um sabor, sentiram o gosto do que estavam preparados para sentir. A experiência do "sabor que não é o que é" é um caso de como a experiência sensorial mais básica pode ser condicionada para produzir não tanto uma percepção dos sentidos quanto uma *fabulação*.[5]

---

4. A conformidade de sentimentos está próxima do que Kahneman chama de "ancoragem de juízos perceptuais" (Kahneman, 2011, p. 119-28).

5. Supondo que existe algo como uma impressão dos sentidos que não contenha um elemento de fabulação ou de alucinação em sua composição. Dada a inclusão necessária de elementos não sensoriais na constituição da experiência, é duvidoso que algo assim exista. Ver Massumi, 2013, p. 17-9, 33.

Isso aponta para uma *plasticidade experiencial* que desmente qualquer ideia de um princípio subjacente de preferência pessoal como detentor de um poder soberano de determinar a ação. O que é vivenciado como qualidades satisfatórias da experiência está surpreendentemente aberto a um condicionamento situacional. Como um comedor de geleia deve agir de acordo com seu interesse próprio, como definido pela satisfação de uma preferência devidamente obtida, se o que constitui satisfação é fundamentalmente plástico? Qual é a diferença entre decisão e não decisão se podemos ser tão convincentes, conosco e com os demais, sobre estar satisfeitos com um resultado que não escolhemos? Não é apenas quando a natureza do resultado está em suspenso, mantida em prontidão potencial, que decisão e não decisão estão num estado de sobreposição. Uma determinada decisão, já verificada uma vez por uma satisfação vivenciada, pode ser *retroativamente* colocada em um estado de sobreposição com uma não decisão por uma experiência posterior.

Esse é o oposto recursivo do colapso do pacote de ondas de um acontecimento futuro. Aqui, uma sequência de ações *produz* um pacote de ondas retroativamente. A indecidibilidade não está no suspense de uma prontidão retendo a futuridade do presente. Em vez disso, ela é produzida no presente como um *fato afetivo* recursivo.[6] Afetividade e racionalidade estão interligadas de maneira diferente aqui. A *afetabilidade* do resultado como registrado em termos experimentais qualitativos – a abertura da satisfação de uma experiência do quociente de satisfação de uma experiência ao condicionamento situacional – está diretamente expressa em uma racionalização. Esse é outro modo de indistinção funcional entre afetividade e racionalidade. Se o indivíduo de fato fosse isso – um indivíduo, em vez de um divíduo –, isso não poderia ocorrer. Mas ocorre, e dá ao divíduo em si dois polos oscilantes, correspondendo a dois modos de indecidibilidade se sobrepondo

6. Sobre fatos afetivos em relação à política da preempção, ver Massumi (2010).

à afetividade e à racionalidade. Paradoxalmente, ambos podem ser compreendidos como modos de *superdeterminação*: por um lado, um aumento de diferentes estados mantidos intensamente juntos em prontidão potencial; por outro, uma objetividade convincente demais para qualquer *fait accompli* fabulatório.

Ainda mais problemático para qualquer ideia de um conjunto subjacente de preferências centrais são os estudos que demonstram que, sob circunstâncias similares, atitudes morais básicas têm a consistência de uma geleia. Em um experimento semelhante, foi pedido que os participantes preenchessem um questionário que lhes pedia para assumir uma posição sobre uma declaração de princípio como "ser moral é seguir as leis e regras da sociedade, em vez de pesar as consequências positivas e negativas das próprias ações" (Hall et al., 2012). Também foi pedido que eles dessem uma nota para a força de sua convicção sobre essas questões. Depois de preencher o questionário, pediu-se que eles justificassem sua posição. As respostas foram sorrateiramente invertidas. A maioria dos participantes não notou a mudança e continuou produzindo uma justificativa para o princípio moral diametralmente oposto àquele a que tinham acabado de aderir. Até mesmo aqueles que relataram convicções mais fortes sobre uma questão foram suscetíveis à inversão.

Os *primings* da vida

Como as pessoas podem ser tão inconstantes? Não ter princípios? Como são facilmente enganadas! Vamos pensar nas implicações políticas! Não é assim que o fascismo triunfa, explorando esses mesmos fenômenos? Sim, em parte, é exatamente assim. Mas vale hesitar um instante antes de ser moralista demais sobre a facilidade com que essa não consciência nas escolhas ocorre, para ninguém "protestar demais". Quem entre nós pode afirmar ser imune a esse condicionamento?

Interpretada à luz do primeiro experimento, a plasticidade da convicção moral demonstrada no segundo experimento aparece como uma recapitulação de ordem elevada de uma dinâmica *perceptual*. O fenômeno da cegueira da escolha aponta para uma tendência à fabulação embutida na experiência perceptual. Ou, mais precisamente: embutida na temporalidade da nossa experiência perceptual. A autoevidência da nossa percepção presente não resiste à passagem do tempo. Nossa memória prega peças em nós. Está se tornando cada vez mais aceito que a memória não é reproduzida. Na verdade, ela é regenerada. Uma memória é sempre um acontecimento, nunca uma representação. O acontecimento da memória varia de acordo com as condições sob as quais ele é produzido. A memória pessoal é um sistema dinâmico em evolução que se baseia não na reprodução, mas na *recriação*. Isso significa que a pessoa que somos como uma função de nossas memórias está se *autorrecriando*. Se não fosse, a mudança e o crescimento pessoal seriam impossíveis.

O elemento fabulatório da percepção, conforme varia com o tempo, é um fator criativo na vida. Na sua ausência, o indivíduo seria uma repetição-compulsão ambulante, acorrentado a um alicerce de preferências e princípios passados. O que me faria renunciar às minhas satisfações testadas e comprovadas? A única maneira de a mudança ocorrer seria por meio da imposição de comportamentos modificados de fora, seja na forma de uma força bruta de conformidade ou por meio da assimilação disciplinar de normas criadas para serem interiorizadas de forma a promover um comportamento de conformidade, mesmo na ausência da força. Seja como for, a escolha individual é fundamentalmente colocada em questão pela interferência na escolha – e, da mesma forma, as bases de conformidade são efetivamente criadas para um autoritarismo em potencial ou fascismo se desenvolverem por um endurecimento do limite entre o normal e o anormal em uma parede divisória de exclusão.

No presente contexto, é fundamental lembrar que a persuasão disciplinar do comportamento normatizado invariavelmente gira em torno da gratificação adiada – a própria ideia pela qual o paradoxo neoliberal foi tomado. É por isso que Foucault faz questão de dizer que o surgimento do neoliberalismo coincide com "um recuo maciço em relação ao sistema normativo-disciplinar" (Foucault, 2008, p. 355). Sob o neoliberalismo, o direito de escolher de acordo com o interesse próprio da pessoa se torna inalienável: "irredutível e intransferível". A satisfação é um sinal de interesse pessoal bem atendido, e assim se torna a medida de capital humano do sucesso do empreendedorismo econômico que move a economia. Seu adiamento incerto se tornou, sob o neoliberalismo, um problema irredutível e intransferível. O processo neoliberal assume o problema. O neoliberalismo considera muito mais satisfatório viver os paradoxos de sua própria doutrina de escolha – surfar as zonas-limite perturbadoras da indistinção entre afetividade e racionalidade que permeiam seu campo relacional – do que retornar à contenção normativa do interesse próprio como um princípio regulador ou paliativo. Sua paixão é a desregulação. Ele fica feliz em escolher a "destruição criativa" ao cuidado paliativo. E afirma as perturbações de "processos oscilatórios" desequilibrados como estando acima da estabilidade normativa de mudanças reguladas. Zonas de indistinção entre afetividade e racionalidade, como deliberação-sem-atenção e cegueira de escolha, são algo com que ele consegue trabalhar (uma mina de ouro para novas estratégias de marketing!). A boa cidadania é demasiadamente não empreendedora.

Ainda se pode objetar que os exemplos de experimentos de cegueira de escolha fabulatória dados acima parecem ter menos a ver com a *auto*criação do que com o condicionamento por outros. Mas é preciso examinar o que se quer dizer com *condicionamento* aqui. Não é assimilável com nenhum dos dois fenômenos mais comumente associados com o termo, o clássico condicionamento pavloviano e o condicionamento operante skinneriano. O primeiro cria associações por reflexo entre estímulos, enquanto o segundo usa um sistema rígido de punição e recompensa para reforçar ou conter comportamentos-alvo. Ambos funcionam em um ambiente altamente controlado e fechado e operam de acordo com um modelo de reação ao estímulo. Por outro lado, o condicionamento nos exemplos apresentados ocorreu em ambientes abertos e não controlados. A pesquisa do chá com geleia foi conduzida em uma tenda em um supermercado, e, na pesquisa das convicções morais, transeuntes foram recrutados em um parque. Em nenhum dos casos um modelo de reação ao estímulo foi empregado. Ao contrário, os participantes foram colocados em uma interação proposta no ambiente aberto. A interação constituiu uma parte da atividade que ocorreu no ambiente. Em outras palavras, uma situação de encontro foi produzida dentro de um contexto mais amplo. Os efeitos observados foram resultado de como o encontro foi arquitetado em meio a essas condições. A situação e o encontro foram condicionados, não os participantes (pelo menos não diretamente). Isso qualifica a intervenção do experimento como ambiental no sentido discutido anteriormente: como algo que incide sobre as regras do jogo, e não diretamente sobre os jogadores. O comportamento dos participantes foi *modulado* pela maneira como os parâmetros para a interação foram colocados nos contextos escolhidos. O procedimento da pesquisa e sua estrutura de juízo são gêneros de interação conhecidos e, como tal, pode-se esperar que implementem certas pressuposições na situação (como a de que é improvável que um participante da pesquisa tenha estudado um truque de mágica que envolva movimentos das mãos) e ativem certas tendências nos participantes (como um desejo de cooperar com um investigador e uma vontade de agradar alguém em uma relativa posição de autoridade).

Essa forma de condicionamento, que modula o comportamento ao implantar pressuposições e ativar tendências em uma situação aberta de encontro, é conhecida como *priming*. O *priming* opera menos por meio de uma reação ao estímulo do que por dicas cuja força é situacional. O *priming* aborda posturas-limiar (pressupostos) que guiam a entrada do participante na situação, bem como as tendências associadas que, por meio do encontro, orientam o participante. Da mesma forma, ele não exerce o mesmo tipo de poder que os mecanismo normativos-disciplinares (dos quais ambas as formas tradicionais de condicionamento são formas altamente destiladas). Exatamente porque o *priming* orienta e ativa, modulando em vez de moldar, ele não é capaz de garantir o mesmo nível de uniformidade no resultado. Os resultados dos estudos são impressionantes, estatisticamente falando. É estonteante que o efeito de cegueira de escolha tenha sido observado em uma maioria de dois terços dos participantes. Mas isso ainda deixa muita margem para desvio e variação (tendências da "minoria"), e nada na maneira como o estudo foi criado pode indicar nada sobre o que fez a diferença. Em outras palavras, o desvio foi deixado à sua própria sorte, o que não ocorre nos modos de poder normativos-disciplinares. O cenário foi *afirmativo* no sentido de que ele implantou e ativou com a finalidade de produzir – em vez de silenciar e punir com a finalidade de negar. Uma minoria significativa dos participantes trouxe *contratendências* para o encontro que autoafirmou, contra o condicionamento estatisticamente predominante. Ou seja, aqueles que não demonstraram cegueira de escolha demonstraram ser mais *autopriming* do que efetivamente condicionados pelo cenário dos parâmetros situacionais. Mas então os participantes cujas ações de fato demonstraram cegueira de escolha também não autoafirmaram suas tendências, no sentido de consentir às próprias tendências que levaram a essa direção, e quaisquer tendências compensatórias que não puderam determinar o resultado final? E quem não teria tendências compensatórias? Quem não nutre algum grau de resistência à autoridade, ou alguma inclinação maliciosa de atrapalhar o conhecimento associado a ela?

O que tudo isso significa é que o *priming trabalha com o divíduo*. Seu modo de operar pressupõe uma corrente de tendências na vida do indivíduo que é abordada melhor de maneira afirmativa, e cuja complexidade é tanta que apenas um certo grau de sucesso pode ser garantido. A corrente de tendências culmina na ação determinante, e esse processo pode ser modulado pela implantação de posturas pressuposicionais e pela ativação das tendências associadas. Os mecanismos de contaminar os resultados devem ser afirmativos do divíduo e operar em um campo relacional aberto. A relativa consistência dos resultados é obtida disparando um subconjunto de atividade no ambiente. Essa atividade especial é desencadeada contra a atividade circundante no campo aberto, sem ser separada dela por uma linha divisória rígida. Ela é focalizada sem ser segregada. A atividade em curso no ambiente é menos excluída do que é colocada em segundo plano. O *priming* é uma arte de ênfase situacional. Ao manter seu *modus operandi* afirmativo, ele funciona por incitação ou gatilho, em vez de punição e recompensa. Ele induz a participação, em vez de impor uma forma. E traz algo à vida na situação, em vez de tirar da vida para fazê-la se conformar a um molde. O *priming* é um modo de poder indutivo. Ele induz. E permite que coisas venham à tona, em vez de confiná-las. Em uma palavra, o *priming* é um mecanismo de ontopoder.

É extremamente significativo que o *priming* dependa, por um lado, da suscetibilidade do indivíduo às suas próprias infra-agitações de tendência e, por outro, de sua abertura à situação – a afetabilidade bipolar do indivíduo. O *priming* operacionaliza a sensibilidade cruzada entre os polos infra e macro do campo da vida neoliberal. Ele anexa seus procedimentos ao acontecimento-sensibilidade relacional do residente do campo oscilatório neoliberal da atividade da vida. O *priming* é o mecanismo de poder aliado de forma mais próxima ao funcionamento da economia neoliberal, uma vez que ele expressa os paradoxos de sua doutrina de escolha de interesse próprio. Seu afastamento de procedimentos normativos-disciplinares duros faz dele um mecanismo exemplar do *soft power*. O modo de poder preemptivo que caracteriza o campo neoliberal da vida, nas extremidades brandas e duras do espectro, na guerra ou no policiamento tanto quanto em relação ao mercado, gira em torno do *priming*. O *priming* é caminho perfeito para a modulação dos acontecimentos antes que eles surjam de fato.

Práticas de *priming* com alvo específico e aplicadas criteriosamente como nos experimentos já discutidos devem, para garantir resultados estatisticamente significativos, ser capazes de criar uma área de subatividade em relação à atividade de fundo do campo relacional constitutivamente aberto da vida neoliberal. No entanto existem também técnicas dispersas: técnicas para lançar sementes de *priming* ao vento, na esperança estatística muito menos garantida de que, quando elas caírem, seja em um solo propício a uma atividade especial que se auto-organize em torno da cratera de impacto. Os dispositivos de internet e comunicação móvel são as ferramentas mais amplamente disponíveis para isso. Eles se prestam tanto à deliberação sem atenção quanto à cegueira de escolha, uma vez que a deliberação sem atenção também pode ser induzida pelo *priming*. A maneira como as novas tecnologias de comunicação primam por atenção distribuída, enquanto os usuários seguem clicando em longas sequências de escolhas interconectadas, cria as condições para a tomada de decisão intuitiva confirmada pelo experimento sobre escolha do consumidor apresentado anteriormente. Quem, enquanto navega, não teve a sensação de que as decisões estavam se tomando por si mesmas? Ao mesmo tempo, as áreas de foco que ocasionalmente se destacam em um mar de cliques são oportunidades perfeitas para a cegueira de escolha se instalar.

Nada disso significa, de forma alguma, um lamento de que o ambiente neoliberal em geral e a internet em particular corrompam o poder soberano da escolha individual, escravize desejos e produza cidadãos de *soft power* de maleabilidade lamentável. Cidadãos da internet não são cidadãos de uma esfera pública degradada. Eles são moradores de um campo da vida neoliberal complexo. A questão é que os mecanismos de *priming* estão espalhados por toda parte pelo campo. Eles estão interligados a ele, além de estarem colocados localmente, de forma pontual, sob certas circunstâncias por procedimentos específicos de cultivo de pressupostos e ativação de tendências.[7] Estratégias de marketing contemporâneas atuam nas duas pontas – o disperso e o local. Elas exploram a onipresença das tecnologias de comunicação para espalhar sementes locais de *priming* que são encontradas pelas unidades de capital humano que nós somos a cada passo das nossas perambulações: um mundo *free range* de dicas.

A própria facilidade com que a distribuição de dicas pode se espalhar e proliferar faz do habitat do *homo oeconomicus* um ambiente altamente complexo de *priming*. Sob o neoliberalismo, o *priming* se torna feral. Em estado selvagem o *priming* satura o campo da vida, formando uma ecologia complexa com mais variedades institucionais e encontros particulares que, de modo consciente, colocam em primeiro plano atividades especializadas (como foi o caso das pesquisas). Isso cria a necessidade de os indivíduos aprenderem a navegar por esse ambiente e cultivarem tendências para lidar com a agitação de tendências e com a maneira como ele resulta em ações que cumulativamente determinam a direção de sua vida. Em outras palavras, eles são obrigados, conscientemente ou não (em geral, não), a autoadministrar seus encontros: *cuidar de suas inclinações*. Isso é feito por meio dos padrões de navegação, acesso e encontro que eles tecem, e o efeito cumulativo pode ser significativamente influenciado pela maneira como sua abertura a um encontro fortuito e sua sensibilidade à relação são modulados por esses padrões. *Isso significa que o residente neoliberal é, no fim das contas, tão condicionado pelo próprio* priming *quando pelas maquinações de outros.*

---

7. Para uma análise da cultura de rede de um ponto de vista compatível com esse relato, ver Mackenzie, 2010, p. 145-68.

Que direção sua vida toma é uma colaboração complexa acontecendo entre suas próprias tendências dividuais, condicionando seu comportamento por outros indivíduos e por configurações situacionais, e acidentes de encontros fortuitos. *Escolhas e não escolhas adentram uma zona ativa de indistinção.*

Tudo ainda gira em torno de tendências dividuantes, porque tudo o que acontece recorre à atividade nua. Tudo alimenta o ponto extremo regressivo mutuamente inclusivo da economia infra para o indivíduo, ou ressoa com ele de uma distância enredada. A vida neoliberal oscila em torno da zona de indistinção entre afetividade (afetabilidade) e racionalidade. Nessa zona, nada é tão claro quanto a alternativa entre escolha e não escolha, liberdade e limitação. Em vez disso, o que existe são *graus de liberdade*: autonomias de decisão de autoefeito cujos movimentos emergentes de expressão são passíveis de modulação por mecanismo de *priming*; desdobramentos de tendência que podem ser induzidos ou modificados, mas cujo resultado é estatístico; abertura e sensibilidades situacionais à relação que condicionam o divíduo, mas nunca o despem do poder de surpreender.

Rumo a uma política de dividualismo

Quando o suposto poder soberano de escolha é colocado em questão, costuma-se reagir como se uma indignidade tivesse sido cometida contra a liberdade pessoal – como se essa ideia pudesse ter sobrevivido intacta aos ataques combinados da psicologia, da filosofia e do marketing, para citar apenas alguns de seus arqui-inimigos. A indignação se baseia na suposição de que o oposto da escolha racional é a *irracionalidade*, o maior inimigo da liberdade. A irracionalidade é tipicamente equiparada à "emoção", o que torna a afetividade o inimigo número dois. Mas, como vimos, a oposição entre o racional e o irracional não se sustenta mais, se é que algum dia ela já se sustentou. O giro do neoliberalismo ao redor das zonas de indistinção entre a racionalidade e a afetividade, a relação que estabelece entre eles como equivalentes funcionais em pontos críticos em seu processo, requer eliminar a dualidade. Em vez disso, elas devem ser vistas como modos cooperantes de atividade que se separam sob determinadas circunstâncias, para logo reconvergir, se alimentando, retrospectiva e prospectivamente, com toda a inquietação da atividade nua. Apenas esse processo oscilatório bipolar como um todo pode ser visto como determinante em última instância. Só que não é uma última instância. É primeira e última, uma instância ubíqua: um sobrevoo relacional irredutivelmente múltiplo, no ponto extremo mais íntimo da economia, que é também o ponto do seu alcance mais longínquo.

Medos do irracionalismo explicam a inabilidade do indivíduo para escolher com sensatez o problema. Mas e se, ao invés, o problema for o preconceito de que basear a decisão na escolha pessoal é libertador? E se o problema for menos a inabilidade afetiva individual de controlar seus "impulsos", ou até mesmo o condicionamento de suas ações por outras, do que *o fato de que a liberdade de escolha é imposta*? Em ambos os experimentos, os participantes foram chamados a julgar. O imperativo da escolha racional convoca o indivíduo a agir como se ele fosse um animal racional durante toda a trajetória. Ele tenta alojar a experiência do indivíduo no nível do raciocínio, como se o espectro de uma experiência pudesse ser reduzido à largura de banda estreita da cognição consciente, e a percepção fosse apenas uma janela transparente em uma representação do mundo a partir da qual o sujeito fica no fundo em juízo soberano. Equivale a uma tentativa de desativar o nível infraindividual da tendência ativa nua, e qualquer autonomia emergente de decisão. É uma negação da atividade não consciente e da dividualidade para a qual ela se agita. A infracomplexidade dividual da vida pode ser colocada no pano de fundo, mas não pode ser neutralizada nem negada por completo. Sua tendência é se reafirmar, atravessando o silêncio. O divíduo emerge, às vezes ainda mais insistentemente, quanto mais é colocado à margem. Tudo isso é cuidadosamente negligenciado pela doutrina da escolha racional e a oposição simplista entre racionalidade e afetividade em que ela ostensivamente se apoia. Tudo isso é cuidadosamente negligenciado – e então o fracasso de alguém em exercer a escolha racional de forma tão sábia quanto um juiz é recebida por ejaculações de surpresa escandalizada.

Isso é exatamente o que os dois experimentos fizeram. Eles geraram seus resultados-surpresa contra o pano de fundo da suposição implícita da escolha racional. Em ambos os casos, foi solicitado que os participantes do experimento justificassem suas escolhas. Que pedido estranho, justificar um gosto. Na vida cotidiana, a reação à pergunta "leite ou açúcar?" raramente é "por quê?". É provável que o imperativo de ser racional sobre uma questão de gosto tenha *distraído os participantes de seus poderes de deliberação-sem-atenção* com que questões de gosto costumam ser abordadas. A interferência foi produzida entre o desenrolar das tendências com as quais a experiência sensorial mais básica está carregada, e o dever de deliberar como se nossas percepções de alguma forma fossem fundamentalmente neutras e nós recuássemos em relação ao nosso próprio gosto para colocá-lo em julgamento. Como se o valor do gosto, seu elemento de satisfação, estivesse separado de sua ocorrência, e o imediatismo experiencial completo desse acontecimento. No experimento da escolha do consumidor os poderes de deliberação-sem-atenção dos participantes foram ativados pela complexidade do problema apresentado pelo item caro do carro. Ao admitir a complexidade da situação como um fator ativo, o cenário do experimento convidou o desencadeamento da ação de um poder de decisão autônomo decidido por meio dos participantes do experimento. Isso "surpreendentemente" demonstrou os limites da escolha racional conscientemente deliberativa: *ela só funciona bem em condições de simplicidade*, nesse caso (assim como na maioria dos casos) coincidindo com uma limitação do alcance do experimento.

O fato de que a escolha racional funciona melhor onde ela menos importa indica que a racionalidade só se separa de forma efetiva em condições cuidadosamente controladas em que o âmbito da *vida é reduzido*. Ela presume, e exige, a redução da vitalidade, uma limitação da amplitude da vida. Sob essa perspectiva, a racionalidade é um modo de poder restritivo. A razão é um antiontopoder. Assim, emerge a questão: dada essa escolha, por que optar pela escolha racional? O que justifica isso? Optar pelo antiontopoder ao invés do ontopoder claramente não é, em si, uma escolha racional. É mais uma questão de inclinação. Mas então isso faz dela um desejo? Ops. Adentramos a zona de indistinção mais uma vez: a racionalidade é uma tendência desejante e, como tal, é tanto um modo de afetividade como a afetividade é racional, dada a situação intensa com que o ambiente da vida como um todo envolve condições incertas de complexidade. Se o neoliberalismo agisse mais sobre sua doutrina de escolha racional, de interesse próprio, do que sobre os paradoxos que ela gera, ele fugiria ao seu chamado histórico como um regime econômico de ontopoder.

Considerações microeconômicas do real processo de escolha individual se unem a considerações macroeconômicas de complexidade e incerteza, e juntas elas levam à conclusão inescapável: qualquer política de individualismo baseada em uma economia de escolha pessoal por interesse próprio, e que dá como garantido o fato de que as unidades de capital humano são animais racionais, perdeu o bonde. Sendo esse o caso, por que não considerar a alternativa de uma política do dividualismo?

Uma política do dividualismo reafirmaria a complexidade e as autonomias oscilatórias de decisão que a acompanham. Ela encontraria maneiras de lidar com tendências para navegar a zona de indistinção entre escolha e não escolha de modo a efetuar modulações de devir que produzem mais-valias autojustificáveis de vida: pulsões de vida tratadas como experiências que valem a pena por virtude do acontecimento que representam, imanente ao acontecimento, como uma função de sua qualidade experiencial imediata, sem nenhum tribunal do juízo pesando sobre elas, soberanamente alegando justificá-las extrinsecamente. Esses valores de acontecimento imanente não são redutíveis a satisfações individuais, porque eles emergem da oscilação entre o dividual e o transindividual. Sua emergência reverte o divíduo, que é também, por outro lado, capturado pela doutrina da escolha racional e os paradoxos por meio dos quais ele se expressa neoliberalmente.

Uma política do dividualismo operaria na moeda inquantificável da intensidade, em vez da satisfação. Ela se baseia no poder criativo positivo da fabulação incumbente à percepção, cuidando não apenas das tendências se agitando dividualmente no ponto extremo da economia, mas também à abertura relacional e às sensibilidades inter-relacionais. Isso seria uma política situacional, relacional diretamente qualitativa. Ela não veria contradição entre o condicionamento pelos demais ou pela textura coletiva dos encontros e o poder da automodulação que cada indivíduo infracarrega no desenrolar de suas tendências dividuais entre si. Isso definiria a autonomia da decisão como a cooperação de influência orientadora do condicionamento situacional e a espontaneidade da automodulação da tendência, praticando na sua interseção dinâmica uma arte política da decisão. E experimentaria seriamente com a ideia de que a liberdade é impessoal: que está no auge de seu poder quando as decisões se movem através de mim, em vez de ser legislada pelo meu eu excessivamente cognitivo, autoenganosamente "racional". Envolveria cuidado e sensibilidade – cuidado com o acontecimento do encontro, sensibilidade com a complexidade dividual-transindividual.

O papel do eu consciente e ponderado seria reconhecer a racionalidade da afetividade, e contribuir com sua própria modulação por forças que se movem através de seu nível micro, do infra ao trans. Ele se vivenciaria mais como colaborador do que como senhor dessas forças. Ele praticaria uma autoentrega estratégica a elas. (Para ler mais sobre isso, ver Suplemento I.)

Involuntário duplo/autonomia de decisão

Antes de avançar na discussão do que poderá ser uma política dividual, vale a pena resumir algumas das implicações dos "processos oscilatórios" complexamente auto-organizadores desencadeados pelo neoliberalismo.

Foucault destaca pontos-chave. O sujeito de interesse, diz ele, é "duplamente involuntário" (2008, p. 277). "A fruição desse indivíduo estará ligada a um curso do mundo que o extrapola e lhe escapa por toda parte". Todo indivíduo depende "de um todo que é *incontrolável, que não é especificado, que é o curso das coisas e o curso do mundo*" em que "o acontecimento mais remoto que pode acontecer do outro lado do mundo pode repercutir no meu interesse, e não tenho como influir sobre ele" (2008, p. 377, grifo nosso). "O homem econômico", continua Foucault,

> se vê situado assim no que poderíamos chamar de campo de imanência indefinido, que o liga, de um lado, sob a forma da dependência, a toda uma série de acidentes [Involuntário nº 1: perturbações que atacam o dividual; efeitos de confiança/desconfiança emergentes], e o liga, de outro lado, sob a forma de produção, ao proveito dos outros. [Involuntário nº 2: amplificação, efeitos multiplicadores que registra sucesso/fracasso] ... A convergência de interesses vem assim reforçar e sobrepor-se a essa disparidade indefinida dos acidentes. ... Temos, portanto, um sistema em que o *homo oeconomicus* vai dever o caráter positivo do seu cálculo a tudo o que, precisamente, escapa do seu cálculo (2008, p. 377-8).

Foucault deixa claro que, para ele, o sujeito de interesse, como capital humano, não pode ser compreendido em termos marxista-humanistas como "trabalho vivo" (2008, p. 225). Se o residente do ambiente do mercado vive em um campo de imanência que está constitutivamente aberto aos "processos oscilatórios" (2008, p. 259), então o indivíduo é um ponto oscilatório imanente em *um complexo de máquina-fluxo* (2008, p. 225).[8] O sujeito de interesse não é humanístico, e sim maquínico. Para não acompanhar o fluxo totalmente a esmo, as decisões que se movem por ele precisam operar cortes maquínicos no fluxo. Etimologicamente, é isso que "decidir" significa: cortar (Whitehead, 1978, p. 43). No vocabulário de Deleuze e Guattari, a própria definição de "máquina" é o que corta um fluxo e, ao fazê-lo, libera um *quantum* de efeito sistêmico-subjetivo, como descrito na discussão sobre confiança acima (Deleuze e Guattari, 1983, p. 1-8). O nível microeconômico do ator individual é então prensado entre os Involuntários nº 1 e 2, ou os níveis infra e trans, respectivamente. O nível trans é o nível macrossistêmico, compreendido a partir de suas implicações em um processo que é mais inclusivo que o sistema em si, e isto pelo processo incluir não apenas o ser-sistema, mas o devir.

Em condições de complexidade irredutível em que uma gama de diferenças em potencial é mutuamente incluída em cada ponto oscilatório a cada momento, é justamente o corte autônomo do acontecimento da decisão que faz algo determinado acontecer e vir a ser. T. W. Schultz, o teórico que inventou o conceito de capital humano, propôs "um conceito totalmente abrangente de tecnologia" que incluísse "as habilidades inatas do homem" (Schultz, 1971, p. 10). O *homo oeconomicus*, Foucault concorda, é mais apropriadamente classificado como uma tecnologia de impulsos elétricos do que uma espécie biológica. Inatamente, trata-se de uma "máquina abstrata" (Deleuze e Guattari, 1987). Abstrata porque o ponto oscilatório em que suas habilidades se manifestam por meio do efeito decisório é uma superposição de diferenças superdeterminadas demais para serem isso ou aquilo especificamente por ora, para serem um fato atualmente determinado. O sujeito de escolha é uma máquina abstrata exatamente

---

8. Na tradução para o inglês, *machine/flux* é traduzido como *machine/stream*, perdendo propositalmente a referência deleuze-guattariana ao anti-Édipo (Deleuze e Guattari, 1983). Em português, "máquina-fluxo".

no ponto, e na medida exata em que decide a complexidade: ordena a intensidade quase caótica, em cooperação convergente com o que escapa aos seus cálculos.

Essa linha de pensamento está muito mais próxima do registro posterior que Deleuze faz do modo de poder capitalista pós-industrial que ele chama de *controle* do que dos próprios conceitos foucaultianos de biopoder e biopolítica do fim da década de 1970, elaborados no período imediatamente anterior a *O nascimento da biopolítica*. O curto ensaio de Deleuze sobre controle pode ser lido como uma formulação em cápsula do modo de poder "ambiental" ao qual Foucault alude *en passant* (Deleuze, 1995, tradução modificada em todas as citações deste ensaio).[9] Deleuze afirma que, na sociedade de controle, o indivíduo é "ondulatório, colocado em órbita, em um feixe contínuo" (1995, p. 180). Ele "surfa" os fluxos e pega as ondas. Ao surfar, sua tecnologia, a prancha de surfe, precisa cortar as ondas. Ela corta para extrair um *quantum* de impulso para frente. O sujeito de interesse como capital humano faz a mesma coisa com os fluxos econômicos. Ele recorta o fluxo de trabalho para extrair um *quantum* de impulso para avanço da vida chamado salário. E faz um corte de novo com o salário, desta vez em um fluxo de bens, cuja aquisição extrai um impulso de satisfação de vida que recompensa toda a dor e o sacrifício feitos para energizar o impulso para a frente, encorajando-o a permanecer na onda. Atrás de portas fechadas, dependendo como seus desejos sensuais são investidos, ele pode também atravessar o fluxo de corpos sexuados de modo a extrair um *quantum* de progenia: um investimento de capital

---

9. Em *O nascimento da biopolítica*, Foucault na verdade faz menção ao termo "biopolítica" apenas duas vezes; uma no início, para dizer que pretende falar sobre o tema, e uma vez perto do fim, para admitir que não o fez (Foucault, 2008, p. 22, 185). Isso deixa a distinta impressão de que o que ele sentiu necessidade de fazer não poderia se encaixar com facilidade nessas categorias. Ver Massumi (2009a) para uma discussão sobre o regime ambiental do ontopoder ser irredutível ao biopoder, devendo até ser analisado além da "governamentalidade", tal como apresentado em *O nascimento de biopolítica* (com exceção do "ambiental" nas p. 259-60).

humano reprodutivo para seu próprio bem-estar futuro (cuidadores intergeracionais para quando a máquina velha começar a enferrujar).[10] O sujeito de interesse enquanto capital humano surfa seu futuro em um leque de maneiras, recortando o fluxo de dias de sua vida para extrair um impulso para frente de cada um dos investimentos em atividade de vida, emprenhando-se em sustentar o impulso até o fim o melhor que puder. A cada corte, um recorte é feito em sua própria natureza – uma vez que ele muda ao se levar adiante, devindo no processo. Ele não se divide sem modificar sua natureza (Deleuze e Guattari, 1987, p. 33, 483). E não corta sem devir continuamente.

"Na sociedade de controle, a empresa substituiu a fábrica" (Deleuze, 1995, p. 179). Não estamos mais no regime da disciplina. Os espaços confinados produzindo e aplicando as normas da vida bem disciplinada desenvolveram rachaduras, e têm vazamentos em todas as direções. Durante décadas vivenciamos uma "crise generalizada de todos os espaços de confinamento, a prisão, o hospital, a fábrica, a escola, a família" (1995, p. 179). O que não significa, de todo, que todas as instituições do regime disciplinar tenham desaparecido. Na verdade, elas se multiplicaram, e algumas, como as prisões, foram inchadas a proporções nunca vistas, em especial nos Estados Unidos. A questão é menos elas terem desaparecido e mais o fato de que o regime disciplinar que elas empregam não define mais o campo de poder em geral. O "enorme afastamento do regime disciplinar-normativo", que Foucault já sentia no fim dos anos 1970, aparece mais como um ressituar das instituições disciplinares dentro de uma ecologia mais ampla de regimes de poder, cujo modo geral de poder vem de outro molde (Massumi, 2009a). "Novas forças batendo em portas" de áreas disciplinares cercadas as integraram a um campo maior. As passagens por entre elas e os revezamentos entre elas se multiplicam e intensificam.

---

10. Sobre a interpretação neoliberal de casamento e família como um investimento em capital humano reprodutivo, ver Foucault, 2008, p. 243-6.

Elas estão integradas como segmentos rígidos nas condições gerais do fluxo, como rochas em uma enchente de neve derretida. Formando redemoinhos ao redor delas e nas rachaduras entre elas passam outros movimentos que seguem outras lógicas: "formas de controle ao ar livre ultrarrápidas" (Deleuze, 1995, p. 179). São esses efeitos de campo aberto que caracterizam o campo de poder como um todo. São "efeitos ambientais": efeitos emergentes capturados do fluxo complexificador no momento. Essa captura de energia eficaz do fluxo ocorre imanentemente ao campo, na "autonomia" dos "espaços ambientais" ao ar livre (Foucault, 2008, p. 261). No meio ambiente, muitos espaços disciplinares fechados são estabelecidos, mas nenhum com o poder de se fechar ao campo, de se desdobrar apenas em si mesmo.

Deleuze dá outro nome ao regime de controle: o "regime empresarial" de poder (1995, p. 182).[11] Uma empresa, diz ele, "é uma alma, um gás", uma leveza do ser (1995, p. 179). Um gás: a matéria do sujeito-empresa é dissipativa, em vez de friccional. O ser-empresa se dissipa no desenrolar de sua própria leveza que desafia a gravidade. Ele se mantém dinâmico porque, em vez de projetar uma força interna para fora, ele empresta a energia do exterior e a coloca em seu próprio movimento. Ele se mantém nas correntes de ar quase caóticas do clima da vida em rápida transformação. Constantemente provendo, mudando, virando, se agitando com fluxo, a vida do sujeito-empresa assume novas formas de modo contínuo. E está se autoestruturando de modo dissipativo, mudando de natureza pelo caminho. Suas dinâmicas não são clássicas e estão longe-do-equilíbrio. Ele não tem uma forma disciplinar fixa nem estrutura "normal". O sujeito-empresa é um nodo proteico de autonomia decisória, em movimento em espaços ambientais que estão, eles mesmos, em movimento, são autônomos e decidem por si mesmos, assim como o clima – e igualmente imprevisível.

---

11. A tradução para o inglês optou por *business system* para o que Deleuze escreveu como *régime d'entreprise* (regime empresarial).

O poder disciplinar moldou o corpo resistente a uma forma normativa. A sociedade de controle não molda, ela modula. Uma *modulação* é "como molde autodeformador que muda constantemente de um momento para o outro, ou como uma peneira cuja tela varia de um ponto para o outro". É líquido pulsando. Tem forma de onda, em constante transformação. Correlativamente, o sujeito-empresa é "ondulatório". A sociedade de controle do regime empresarial está povoada em todas as escalas pelo processo de "estados metaestáveis de uma única modulação que coexistem". Globalmente, é "um deformador universal", como um sintetizador. Os (in)divíduos em pequena escala que povoam o regime empresarial são, eles mesmos, povoados por estados metaestáveis que coexistem, sinuosamente correlacionados às modulações mais amplas do ambiente, ao qual, em sua mutação surfante, são emotivamente isomórficos.[12]

Tudo isso marca "uma evolução tecnológica" que acompanha a mudança de máquinas da segunda para a terceira geração. Mas "mais profundamente [é] uma mutação do capitalismo". O regime empresarial é o capitalismo tornado "essencialmente dispersivo", ansiosamente dissociativo em sua autorrelação, variando de modo contínuo em toda uma gama de seus níveis diferencialmente correlacionados, integrando-os em grande escala à mesma deformação universal. É o capitalismo no seu devir mais extremo, entregue ao mercado desregulado, à matéria gasosa e à alma decisória, à dividualidade e aos seus efeitos multiplicadores.[13]

A discussão da deliberação-sem-atenção e da cegueira de escolha acrescentou uma dimensão essencial a esse retrato do campo neoliberal da vida maquínica: o fato de que os mecanismos pontuais de modulação podem intervir no ponto nodal em que a complexidade infraindividual tendencial do divíduo e a complexidade transindividual se entrecruzam – em que o sujeito de interesse vivencia seu eu,

---

12. Para os conceitos deste parágrafo, ver Deleuze, 1995, p. 178-180.
13. Para os conceitos deste parágrafo, ver Deleuze, 1995, p. 180-181.

em um registro consciente da força dos movimentos que passam por ela. Nessa interseção, o efeito decisório pode ser alavancado estrategicamente. O corte pode ser modulado de modo local, bem como dispersivo (por meio da internet e da comunicação móvel).

Mais uma vez, o mecanismo básico dessa modulação é o *priming*, para o qual existem muitas formas. Todas envolvem condicionamento da situação, abordando o suposto sujeito de interesse a partir do ângulo de sua abertura constitutiva ao seu próprio exterior: do ângulo de sua sensibilidade relacional em todas as escalas, no ponto em que o *feedback* (devolutiva) e o *feedforward* (antecipação) entre o dividual e o transdividual se entrecruzam no que é vivenciado no nível individual. Nesse micronível, o *priming* atua positivamente para induzir efeitos emergentes por meio de dicas – ou a falta delas. Essas dicas situacionais implantam pressupostos e tendências dividuais ativadas. As sementes pressuposicionais do campo modificam a força relativa das tendências múltiplas, que estão sempre se agitando no nível infra, pesando a decisão que está vindo em determinadas direções, na direção de determinações emergentes. O aproveitamento do efeito pelo *priming* está incitando e orientando, em vez de disciplinando e punindo. Ele é indutor, um poder "positivo" no sentido em que Foucault usa o termo. O raciocínio consciente pode sempre adentrar a equação nesse ponto nodal, mas nunca é totalmente determinante. É o processo oscilatório como um todo, como nodalmente modulado, que decide no fim das contas. Todos os fatores, incluindo o raciocínio consciente, são cofatores no que sempre corresponde a um exercício de autonomia processual que correlaciona de modo complexo efeitos subjetivos e sistêmicos.

Nos experimentos apresentados anteriormente, a cegueira de escolha foi o resultado de uma forma de *priming*. O *priming* consistiu em reter dicas que teriam sinalizado uma mudança na situação ao mesmo tempo que se implantavam pressupostos através de encontros, no próprio exercício, o que colocou os participantes em uma certa postura e ativou tendências que favoreciam o "confronto do sentimento" entre duas degustações. Nesse experimento, assim como no experimento da deliberação-sem-atenção, os participantes foram posicionados como sujeitos de interesse chamados a fazer uma escolha racional. O resultado variou dependendo da complexidade da escolha do consumidor. A escolha menos complexa em geral foi feita sem nenhum inconveniente acontecendo para colocar a proeza do consumidor racional dos sujeitos em questão. A escolha racional deliberativa, no entanto, entrou em colapso com a escolha complexa, onde a parada aumentou. Os participantes que usaram a intuição para decidir tomaram decisões econômicas melhores por medidas-padrão e, mesmo além da questão da relação custo-benefício, obtiveram mais satisfação com a escolha. Esses participantes foram obrigados a fazer escolhas enquanto estavam distraídos (Dijksterhuis et al., 2006). Assim, com o raciocínio deliberativo desativado pela configuração da situação, o campo ficou aberto para a intuição desempenhar um papel dominante. A intuição assumiu o controle da situação.

A tomada de controle por parte da intuição corresponde exatamente à decisão autônoma: um feito realizado através de mim. E isso não se explica tão simplesmente nos termos de uma passividade por parte do sujeito de interesse. O contexto do sujeito se torna um dos fatores decisórios do que transcorre. O duplo involuntário de *feedback* e *feedforward* entre o dividual e o transindividual é afunilado pela situação e é condicionado pelas pressuposições e orientações tendenciais que destaca. A teoria de Deleuze da sociedade de controle interpreta o campo neoliberal da vida como um regime de poder em seu direito próprio, um direito que opera por meio da modulação. O que a entrada da ação da intuição demonstra é *que a modulação do controle pode ser, ela mesma, modulada*. Não faria sentido dizer que o controle pode ser controlado. Mas é eminentemente razoável, em termos intuitivos, dizer que seu movimento pode sofrer uma inflexão. O processo ondulatório de tornar-se oscilando o campo relacional não pode apenas ser surfado. O residente neoliberal não está limitado a navegar as ondas passivamente, mesmo que não possa ser o proprietário único e mestre de sua ação. Ele pode causar furor e vivenciar a "gasosidade" de sua "alma" como seu próprio spray. Um salpico situacional de atividade pode acrescentar e alterar o padrão da onda: burburinhos na superfície da deformação universal. Sob as condições longe-do-equilíbrio do campo de relação, é sempre possível que uma pequena marola se torne uma onda significativa. Se o campo neoliberal da vida é um regime de poder, um *splash* situacional deformando sua superfície de formas, na contramão das tendências dominantes do neoliberalismo, é um *contrapoder*.

Se existe um contrapoder, pode haver uma política da economização da vida pelo neoliberalismo, apesar de seu alcance sistêmico e mutabilidade processual de ontopoder. Mas o contrapoder não pode ser encontrado pelo retorno ao sujeito de interesse, por exemplo, em uma tentativa de convencê-lo racionalmente a escolher a resistência de acordo com seus "verdadeiros" interesses. O contrapoder não pode contar com uma política programática de persuasão cognitiva. Essa estratégia na verdade acredita na palavra cínica da principal doutrina do neoliberalismo do sujeito de interesse como quem faz uma escolha racional – ignorando os paradoxos correspondentes que tornam o neoliberalismo o regime de poder ondulatório e formidável que é. Uma política de contrapoder efetiva deve envolver o neoliberalismo onde ele obtém seu poder: em seus paradoxos, inframente às suas ondulações. O contrapoder deve operar imanentemente ao campo paradoxal do capitalismo contemporâneo, em ressonância com o extremo mais íntimo da economia. Isso significa operar, como neoliberalismo, como um ontopoder. Um *contraontopoder-imanente*: que outra alternativa existe, dada a globalização do regime de poder neoliberal do capitalismo? Não há como sair disso. A imanência não é uma opção: é uma condição da vida, e o seio do devir. O maior paradoxo de todos é que contra-atacar o ontopoder com ontopoder, imanente a seu campo de relação, requer praticar a *intuição como uma arte política*.

Escalonar o acontecimento

Intuição não é sentido íntimo místico. Ela não conota uma relação mais profunda ou mais autêntica com o self. E não é o oposto da racionalidade. Existe uma grande quantidade de estudos sobre o *priming* nos quais uma imagem ou palavra aparece demasiado rápido para ser registrada conscientemente, no meio segundo, aproximadamente, em que a percepção está em prontidão potencial, apenas se agitando em emergência, ainda não tendo assumido sua forma definitiva. Esse é o afamado "Libet Lag", em que a experiência é absorvida em sua própria formação, imanente ao seu próprio surgimento, em seu limite mais íntimo, prestes a se derramar em uma percepção formada e uma ação correspondente: experiência no nível da atividade nua. Foi demonstrado que nesse nível o significado de palavras não registradas faz variar a interpretação das palavras seguintes, compreendidas racionalmente, demonstrando que uma função cognitiva altamente elaborada como a leitura pode ser desempenhada de modo não consciente (Massumi, 2002, p. 29-31, 195-7; Sklar et al., 2012). Também foi demonstrado que operações matemáticas de multietapas podem também ocorrer dessa forma (Sklar et al., 2012). Não significa, no entanto, que operações racionais estão ausentes nesse nível. A questão é que elas são realizadas na formação da percepção. Elas não são desempenhadas de modo secundário à percepção, refletindo sobre ela. São desempenhadas de maneira não reflexiva, absorvidas no imediatismo da emergência da percepção, em um lapso curto demais para que constituam procedimentos separados. Sua operatividade, seu modo de atividade está envolto no movimento da emergência da percepção. Eles figuram na gênese da percepção, misturados entre seus fatores formativos. Nivelados com o surgimento da percepção, eles surgem como fatores ontogenéticos de experiência imediata. C.S. Peirce fala disso em termos de "juízo perceptivo" (Peirce, 1997, p. 199-201; Peirce, 1998, p. 155, 191-5, 204-11, 226-42). Um juízo perceptivo se expressa em uma ação infletida de forma a indicar que um ato distinto de juízo que o antecedeu e deliberadamente o orientou na verdade ocorreu em condições sob as quais nenhum ato separado de cálculo poderia ter sido realizado.

A intuição envolve, portanto, juízos de percepção. No entanto, ela não se reduz a eles. Não se trata apenas de um raciocínio mais rápido, porque existem outros modos de atividade envolvidos nos juízos de percepção no nível ontogenético da atividade nua. Tendências múltiplas são ativadas ao mesmo tempo e não podem ser separadas dos "cálculos" do juízo de percepção. Vejamos o exemplo de como um campo pressuposicional funciona, livremente baseado no trabalho do linguista Oswald Ducrot (Ducrot, 1980, p. 69-101). Você adentra um campo sem notar um detalhe bastante crucial da situação: um touro está do outro lado. No momento em que a presença do touro se faz sentir, antes que você tenha tempo de pensar conscientemente, até mesmo a ponto de registrar o touro em um ato totalmente formado de reconhecimento, você se prepara. Você se prepara pela necessidade de viver a situação, para o bem ou para o mal. Você não tem escolha sobre isso. Você está dentro. Sua vida está totalmente absorta na imediatez do acontecimento iminente. Você é tomado logo no começo de um acontecimento de que você não tem o poder de decidir se vai participar ou não. Mas o acontecimento ainda não ocorreu, havendo assim formas em que ele pode ser infletido que podem fazer a diferença – tão fundamental quanto a diferença entre saúde e um ferimento ou até mesmo entre a vida e a morte. Enquanto você se prepara para o acontecimento, o campo muda. Ele se torna *um campo de potencial*.

Sem ter tido o tempo de pensar de forma realmente consciente, potenciais linhas de fuga aparecem. Você prefigurativamente sente poder se valer delas, em brotos de ações nascentes prestes a desenrolar. Ações incipientes se formam em uma sensação imediata das *alternativas* que oferecem. Você foi preparado para um campo de potencial composto por uma multiplicidade de ações possíveis. Sua vida está nessa multiplicidade, espalhada entre as alternativas. Qual escolher? Não há tempo para ponderar. Só há tempo para agir de forma bem-sucedida, talvez nem mesmo isso. Assim que o campo de potencial se apresenta, você já avaliou as alternativas. Você já registrou sua distância em relação ao touro, sua distância em relação à cerca, apreendendo diferentes percursos, sem conscientemente fazer essa conta. Você já registrou comparativamente o tempo necessário para cada rota potencial de fuga, sem de fato ter tido o tempo de calcular as comparações. Você já considerou quais gestos vão incitar o touro e quais vão fazê-lo parar, sem de fato deliberar sobre o comportamento do touro. Seu corpo se lança em movimento, seguindo o plano que você sentiu visceralmente ser o melhor, com um turbilhão de sensações que nunca podem ser separadas das avaliações situacionais e dos cálculos que você na verdade não teve tempo de fazer – ou até da experiência do movimento em si. Você performou um *pensamento-sensação incorporado em movimento*, tudo em um instante, a partir da constatação da presença do touro. Você escapa. Aliás, você fez uma escolha que salvou sua vida – sem ter exercido um ato de escolha distinto. Você agiu "racionalmente" sem raciocinar. Você conquistou sua liberdade em relação ao touro, sem exercer a liberdade de escolha enquanto tal.

Esse pensamento-sensação incorporado em movimento é intuição. Longe de ser um estado místico em que se entra por impulso, trata-se de um intenso envolvimento em um acontecimento altamente condicionado e não opcional. A intuição não tem um objeto. Ela tem um *fielding* – distribui, escalona um campo de atuação. E vem com um potencial de campo que é pensado-sentido em movimento antes que seus elementos sejam registrados conscientemente como objetos de uma percepção plenamente formada, em função do que acontece imanentemente nesse campo. A imanência desse pensamento-sensação pode ser processada, em retrospecto, em elementos ou aspectos diferentes.

Mas cada um deles só figura porque os outros já lá estão para figurarem em conjunto. Estão *mutuamente incluídos* na energização do acontecimento, como fatores cooperantes em seu acontecer.

Um aspecto é o registro imediato dos imperativos da situação. Essas são as pressuposições não conscientes implantadas no campo enquanto você se prepara para ele, tornando o acontecimento por vir não opcional. Esse é o primeiro aspecto a reter do juízo de percepção: conclusões sobre a situação que se apresentam de antemão como as premissas de um acontecimento, energizando os movimentos que o compõem. Um segundo aspecto é a tomada de forma de um campo de potencial contendo em si mesmo uma multiplicidade de trajetórias de ação correspondendo a diferentes resultados. Essas alternativas em potencial se reúnem no imediatismo da situação como um único complexo. Sua junção em todo o seu imediatismo informa o juízo de percepção com uma gama de desdobramentos hipotéticos. Esse aspecto de hipótese vivido imediatamente é o que Peirce chama de *abdução*. Ambos os aspectos, o juízo de percepção e a abdução, vêm acompanhados de um terceiro aspecto: a tendência. Os imperativos da situação que são registrados no juízo de percepção atual acionam uma tendência – continuar vivo. O registro abdutivo dos desdobramentos hipotéticos que habitam o juízo de percepção bifurcam a tendência dominante em um leque de subtendências, que lutam entre si em um momento breve demais para que elas de fato interajam umas com as outras como ações/reações separáveis. Em vez disso, elas se juntam em comoção: em co-moção imanente. Para cada uma há uma trajetória de ação nascente: um preparativo para o movimento, uma orientação para um desfecho. Existe em quarto aspecto: a atividade nua, ou seja, a reunião em potencial de prontidão do que de fato só pode ter um desfecho com uma linha de ação e não outra, separando os caminhos. Surge apenas um caminho. A co-moção de tendências se resolve sozinha, e uma delas se transforma em ação, como se por sua própria vontade. Esse é o quinto aspecto: o corte. Uma decisão foi movida para ser tomada: você foi movido a incorporá-la. A decisão ocorre através de você. O que leva a outro aspecto totalmente crucial: tudo isso é sentido como importante. A comoção tendencial só se resolve devido à pressão para frente exercida pelo fato de que o acontecimento por vir é intensamente feito para ter importância. É a intensidade afetiva da situação que empodera seu desdobramento. No final, tudo terá sido uma questão de desejo, desde o início. Você efetivamente desejou sobreviver. Você quis. Ou melhor, a decisão significativa que moveu você ao se mover através de você afirmou sua tendência em você. "Em você": no sentido dividual.

Tudo isso ocorreu não no nível individual, mas "em-o-dividual". A autonomia da decisão que se expressou na trajetória de sua ação tem efetivamente uma *vontade*. Mais precisamente, ela *é* uma vontade: sua autonomia é a de uma vontade que deseja o seu próprio acontecimento em um subcampo localizado do campo geral da vida, oscilando de modo incerto entre os pólos do dividual e do transindividual. Aqui, o *envolvimento afetivo é o equivalente funcional da vontade*. A afetividade e a vontade estão em uma zona de indistinção – que inclui aspectos que seriam considerados eminentemente racionais se fossem separados da zona de indistinção com a afetividade, em sua equivalência funcional com a vontade. Mas elas não ocorrem separadamente. Os aspectos "racionais" do acontecimento – juízo, hipótese, avaliação comparativa de alternativas, decisão – estavam mutuamente envolvidos no acontecimento com todos os outros fatores co-operantes. No acontecimento, eles surgiram como juízos de *percepção*, *hipóteses pensadas-sentidas* de modo abdutivo: *auto*avaliação *tendencial*. Decisão inseparável do fato incorporado do movimento. Os aspectos racionais estão fundidos no complexo singular que foi o desdobramento desse acontecimento. Por conta do domínio efetivo do envolvimento afetivo, o complexo fusional poderá ser qualificado de modo geral como afetivo. Mas, na verdade, ele é mais uma *complexão do acontecimento*: um complexo de fatores co-compostos, incluindo aqueles que podemos categorizar como racionais.[14] É possível pensar sobre a complexão do acontecimento como a oscilação imanente do desdobramento entre todos os fatores contribuintes, já se resolvendo em uma trajetória de ação em um intervalo menor que o menor perceptível: no infrainstante de atividade nua revelando-se; em uma regressão ao limite ou extremo mais íntimo, uma reviravolta no próprio instante.

Todo acontecimento é complexificado, exibindo sua própria fusão exclusiva de afetividade e racionalidade. Acontecimentos de decisão que vivenciamos como escolhas racionais, aparentemente sem a força motivadora do afeto para movimentá-los, envolvem em sua complexidade todos os infra-aspectos recém-descritos, incluindo a equivalência funcional da vontade e do envolvimento afetivo. Eles simplesmente os negam ou ignoram. Como veremos com Hume, não existe razão puramente racional para fazer qualquer escolha em particular, nem mesmo fazer uma escolha. A razão não tem força geradora. Por um lado, seus cálculos racionais podem continuar para sempre. A razão rumina, a ponto de nunca conseguir se digerir a si mesma. A ruminação pode se aproximar cada vez mais de uma conclusão racionalmente justificável, mas, deixada por conta própria, ela nunca chegaria de fato a uma conclusão porque vai sempre haver uma possibilidade lógica de que algum fator crucial tenha sido negligenciado ou mal calculado. A racionalidade, praticada como se efetivamente tivesse autonomia decisória, *é o equivalente funcional da dúvida*. Ela é assombrada por sua própria versão do problema da "paragem optimal" (que procura determinar o melhor momento de agir ou executar uma ação dado um conjunto de variáveis aleatórias). No fim das contas, o corte precisa ocorrer. E só pode ocorrer se algo interrompe a ruminação, intervém para

14. Simondon resume em uma frase muitas das características do afeto apresentadas aqui: sua unidade fusional envolvendo uma pluralidade de fatores que incluem movimento, juízo e ação, sua autonomia deliberada, sua autoavaliação ou sua criação de valor de vida acima dos componentes que condicionam sua ocorrência: "Todo movimento afetivo-emotivo é, ao mesmo tempo, juízo e ação. É na realidade bipolar em sua unidade: sua realidade é a de uma relação que se autoposiciona perante seus termos" (Simondon, 2005, p. 248-9).

cortá-la. *Calculatio interruptus*. Esse é o feito do afeto. Ele sempre ocorre num ponto que, da perspectiva da indigestão constitutiva da racionalidade, só pode ser arbitrário.

A racionalidade não é, de modo algum, o oposto do afeto ou da emoção. Como apontou Pixley, ela de fato requer emoção. A escolha racional só funciona se a arbitrariedade se render a uma autonomia de decisão que se une à vontade afetiva. O raciocínio mastiga sua ruminação. O afeto corta caminho, abrindo-os. No final, isso torna o desfecho de todo acontecimento um fato afetivo.

Tribunais da razão

Nada disso impede as estruturas da racionalidade de serem construídas e de se acomodarem no mundo, fazendo evoluir funções cruciais à medida que o campo da relação envolve essas mesmas estruturas. Estruturas de racionalidade fazem essas funções indispensáveis, inclusive, claro, para a economia. Esse processo exige a criação de meios relativamente fechados capazes de filtrar o ruído do campo geral de relação. Estabelecer condições fronteiriças pré-reduz a complexidade por vir, controlando o poder desestabilizador das perturbações do campo. O resultado é um turbilhão de relativa estabilidade (uma metaestabilidade menos provisional) em que procedimentos racionais podem se institucionalizar de forma a garantir uma regularidade de resultado. A tecnociência, claro, é o exemplo mais notável (e a burocracia, o mais básico).

As condições fronteiriças da tecnociência são vigiadas pelo que Bruno Latour chama de "tribunais da razão" – mecanismos de juízo onde certos fenômenos e modos de atividade são entendidos como admissíveis por se submeterem a procedimentos racionais, e outros rejeitados como irremediavelmente "irracionais" (Latour, 1987, p. 183-4). O resultado é menos um invólucro do que um conjunto de parâmetros transacionais que regulam tanto as interações que ocorrem dentro do meio como seu acoplamento com forças externas: uma rede diferencial. O controle de perturbações do campo não é exercido apenas na fronteira; repete-se dentro da rede, na procedimentalização de suas atividades exclusivas.[15] A atividade é minuciosamente formatada para a produção da regularidade prometida do resultado. Os procedimentos do método científico para garantir "experimentos controlados" desempenham esse papel para a tecnociência. Sua consequência é basicamente não permitir interferências no campo isolando os fatores que poderão se expressar, de modo a serem efetivamente tratados como variáveis independentes, tornando-os mais manipuláveis. A partir desses tijolos, a complexidade então é reconstruída – como se o mundo fosse um edifício, em vez de um "todo não especificado de fluxo", e como se sua ordenação dependesse de um elevador que só vai para os andares mais altos (no topo dos quais fica a cobertura da razão analítica). Em resumo, é estabelecida uma prática altamente estratégica e padronizada de condicionamento do acontecimento.

O problema da razão em relação à paragem optimal é solucionado pragmaticamente na viagem ascendente do elevador. Critérios para o que são considerados resultados aceitáveis definem a linha de chegada do procedimento, impondo o mecanismo iminentemente prático, porém paradoxal, de ponto de corte arbitrário regularizado. Na ciência, o principal critério de aceitabilidade é a reprodutibilidade. A reprodutibilidade de resultados dá um teto à filtragem da singularidade de efeitos de campo espontâneos, tornando-os previsíveis, contra todas as

---

15. Essa descrição de estruturas de racionalidade tem também como objetivo ressoar a discussão anterior sobre o lugar das instituições disciplinares na "sociedade de controle" ou o "empreendimento do regime de poder". Estruturas de racionalidade são aliadas próximas, tanto historicamente quanto em tendência constitutiva, da compartimentação disciplinar. São um ingrediente crucial para os "dispositivos" disciplinares em todas as suas formas. O que não quer dizer que todas as estruturas de racionalidade são disciplinares no sentido foucaultiano (que claramente não é o caso da ciência). Quer dizer apenas que estruturas de racionalidade se deparam com os mesmos desafios quanto às instituições disciplinares com que tão frequentemente estão em simbiose por ambas se encontrarem imersas no campo aberto modulatório do "regime ambiental".

probabilidades (mais ou menos, sob certas condições de campo relativamente restritas). Um segundo critério é a falseabilidade (cuja contrapartida burocrática está no direito de a razão recorrer). O princípio do método científico de falseabilidade é particularmente significativo: expressa o fato de que a estrutura racional no seu todo tem como base não a superação das intermináveis dúvidas da razão, mas, ao contrário, a sua institucionalização. Dada a inabilidade constitucional da razão de expurgar a dúvida, qualquer estrutura de racionalidade que não gere dúvidas em seu edifício acaba ruindo. A dúvida volta, através de rachaduras que comprometem o edifício (esse é o destino do Estado burocrático totalitário). É melhor erigi-lo de modo construtivo do que tentar denegá-lo. Essa abertura estratégica para a dúvida constitui o liberalismo das estruturas de racionalidade, e é o vetor pelo qual elas conseguem se assentar no grande mundo aberto neoliberal, negociando um acordo de autoproteção com sua inconstância sempre longe-do-equilíbrio. Isso, e o fato, no caso da tecnociência, de que sua regularidade de resultados alimenta o apetite voraz do processo capitalista pelo desenvolvimento de produtos e pelo faturamento constante.

Para qualquer estrutura de racionalidade gerar uma regularidade de resultados e, nessa base, se estabelecer e se tornar indispensável, ela não pode realmente filtrar por completo o que considera "irracional". Para a tecnociência, o "irracional" se resume a efeitos de complexidade não controlados e a intuições de juízo de percepção e abdução que, sozinhos, são capazes de rebatê-los. Como estudos de ciência demonstram amplamente, a prática cotidiana da ciência não suprime de fato a superposição dos modos de atividade encontrados em nível germinal de toda e qualquer percepção-ação. A vida de laboratório é uma "miscelânea de práticas" – um espaço de "entrelaçamentos" complexos em meio a uma pluralidade de fatores ativos (Pickering, 1995, p. 23). Essa "miscelânea" é irredutivelmente relacional. Fatores ativos se "capturam" mutuamente, em uma "afinação recíproca" emergente (1995, p. 20). Essa afinação diferencial contradiz a ideia de intencionalidade, compreendida como uma escolha racional calculada exercida por um tomador de decisão individual (1995, p. 17-20). Toda estrutura racional é racionalizante – em ambos os sentidos do termo. Primeiro, no sentido de que a construção de seu edifício depende do solo movente no qual se dá a inclusão mútua dos modos de atividade cujo "afinamento recíproco" não pode ser considerado inteiramente racional, mas que ainda assim forma um todo não especificado a partir do qual resultados racionais são *extraídos* de forma procedimental. Segundo, no sentido de que ela precisa se eximir de seu pecado germinal de abertura relacional através de explicações que minimizam a complexidade inerente à própria miscelânea (vamos imaginar, por exemplo, a reação escandalizada por parte de muitos cientistas com estudos científicos que se dedicam à investigação da complexidade relacional dos trabalhos cotidianos nos laboratórios científicos). Racionalizações à parte, a miscelânea não pode ser negociada para que se possa chegar a algum acordo duradouro. No entanto, por razões de orgulho institucional, de posição (isto é, para fins de posicionamento de poder no campo relacional mais amplo), os guardas do tribunal da razão têm a obrigação de ocultá-la ou, pelo menos, deixá-la como pano de fundo.

A filtragem dos efeitos relacionais complexos pode de fato prejudicar o curso da ciência. A bióloga evolucionista Lynn Margulis revolucionou o entendimento científico sobre a origem da vida multicelular ao reintegrar efeitos de complexidade relacional e assim realizar o feito de extrair deles uma ideia cientificamente admissível – a endossimbiose (ou entrelaçamento imanente, ver Margulis, 1999). "Ela simplesmente se recusou a não acreditar em sua própria intuição" (Archibald, 2012, p. R6). Os avanços de maior alcance no pensamento científico invariavelmente envolvem mergulhar de novo no "caos" superpositivo do pacote de ondas afetivo de modo a extrair um efeito de complexidade racionalizável e fazer sua formulação de modo a permitir sua admissão na experimentação controlada como uma variável independente que se presta a resultados reproduzíveis (Deleuze e Guattari, 1994, p. 130-1, 202). Essa construção de variáveis independentes como blocos de uma estrutura maior torna as conquistas científicas tanto invenções quanto descobertas. Não são termos mutuamente excludentes (Stengers, 1997, p. 146; 2000, p. 80-81; 2011, p. 306). A criatividade própria da ciência como uma estrutura de racionalidade é uma função da sua tipicamente denegada pesca no lago da singularidade. Barbara McClintock, microbiologista ganhadora Prêmio Nobel, foi assertiva em relação a isso. Ela descreveu seu processo científico, que a levou a avanços fundamentais na compreensão da genética, como algo que gira em torno de sua habilidade de usar a "empatia" para intuitivamente "mergulhar" na complexidade do meio interno da célula (Stengers, 1997, p. 115). É um segredo pouco comentado na ciência que o juízo perceptual e a abdução são fatores fundamentais para adentrar a miscelânea da prática científica cotidiana.

Uma das implicações mais importantes disso para o presente ensaio é: isso requer ajustar a afirmação feita anteriormente de que o "pressentimento" falha quando se trata de probabilidades. O filósofo Michael Strevens escreveu sobre o papel central das "intuições físicas" na descoberta científica (Strevens, 2013). Probabilidades são difíceis de lidar de forma intuitiva em geral – o que quer dizer, de forma abstrata. No entanto, na singularidade das situações incorporadas, assim como no exemplo do touro, nossa compreensão das regularidades das relações causais, enquanto entranhadas nos hábitos sensório-motores do corpo, entra em ação. Isso não é realizado, de acordo com Strevens, pela aplicação automática das "regras de inferência". Não se trata de uma operação cognitiva distinta, como o próprio Strevens admite, ainda que sem extrair as implicações necessárias desse *insight* com o seu vocabulário cognitivista: você apenas "*vê* o que vai acontecer a seguir" diretamente, sem fazer cálculos (Strevens, 2013, p. 1; grifo do autor). Essa habilidade perceptual, de acordo com o relato aqui desenvolvido, surge da relação complexa entre os modos de atividade constitutivos da vida do corpo, cocontribuindo para um desfecho por meio de sua inclusão no acontecimento, no nível germinal da atividade nua, na produção de um juízo de percepção. Ele decorre da co-operação dos modos de sentido, no cerne da qual, em muitas situações, há uma fusão efetiva de visão e propriocepção, com o som sendo um segundo lugar bem próximo em termos da ativação de sua felicidade superposicionada (Massumi, 2002, p. 58-61, 179-84; 2010, 95-7, 112, 124-5, 137, 143-4).

A irredutibilidade da "intuição física" à categoria cognitiva de inferência ou à aplicação das regras é bem compreendida por qualquer pessoa (ou pelo cachorro de qualquer pessoa) que tenha jogado frisbee. O voo do frisbee é orientado, mas está sujeito à modulação de um desdobramento irredutivelmente complexo de condições atmosféricas; em uma palavra, o vento. A complexidade da dinâmica do voo do frisbee já é tão grande que a determinação da curva da trajetória do frisbee baseada em regras, mesmo sem afetações inesperadas do vento, só pode ser realizada pelo cálculo (Lynn, 1999, p. 23-5). E, no entanto, eu e um cachorro comum, sem nenhum dos dois ter estudado cálculo, com muita frequência conseguimos pegá-lo. Pegamos um frisbee como se tivéssemos realizado uma complexa operação de cálculo. E não só isso, nós também corrigimos imediatamente quaisquer perturbações que tenham ocorrido no processo. Não é uma questão de simplesmente ativar hábitos sensomotores. Nós vamos além desses. É algo que surfamos. Tudo isso requer uma correção à afirmação anterior de que operações aritméticas multietapas podem ser realizadas de modo não consciente. As operações de múltiplas etapas não são realizadas com passos múltiplos. Elas são realizadas em um movimento, como se tivessem ocorrido consecutivamente, mas acontecem fundidas no juízo de percepção. O juízo de percepção é capaz de englobar o múltiplo na unidade dinâmica de uma ocorrência.

Pegamos o frisbee por causa dessa capacidade de juízo perceptual. Mas não apenas juízo perceptual. Também contamos com a capacidade do juízo perceptual de extrapolar, tornando-se uma percepção não só do que está ocorrendo no presente, mas do que vai acontecer a seguir. Abdutivamente concretizamos a hipótese intuitiva de onde o frisbee vai, alterando nossa postura e posição no mesmo instante, em sintonia com as modulações do disco, tão suaves quanto o vento. Quando pegamos o frisbee, apesar da complexidade incalculável da trajetória do voo criada pelo acaso, o que fazemos é efetivamente perceber o acaso (Massumi, no prelo, cap. 4). Strevens chama isso de *tychomancy* (ou ticomancia, adivinhação pelo acaso).

O que os humanos conseguem fazer, e os cachorros não, é extrapolar mais ainda, desta vez com constructos teóricos que capturam a percepção do acaso para a ciência, na sua atividade comum de regularizar os resultados. Strevens estuda em profundidade o papel central da "intuição física" em avanços científicos como o da descoberta de Maxwell, em relação à distribuição da probabilidade do movimento molecular dos gases. Essa descoberta ofereceu a base da "mecânica estatística, esse andaime teórico que hoje ampara grande parte de todo questionamento físico" (Strevens, 2013, p. 7). Em outras palavras, a capacidade da ciência de operacionalizar probabilidades é, na verdade, uma consequência da proeza abdutiva da intuição. O mesmo não pode ser dito sobre a estatística como um todo? No entanto, quanto mais geral e abstrato o universo da probabilidade, menor se torna o papel do juízo de percepção, a ponto de ele praticamente se perder em domínios de tal complexidade de escala e abertura sistêmica como encontramos na economia.

Isso abre caminho para a discussão que segue sobre a teoria dos limites da razão em Hume, bem como sobre os papéis que ela pode desempenhar em sua relação com a afetividade. O ponto crucial aqui é que as *estruturas da racionalidade só se sustentam com base no que escapa a elas*. Elas se alimentam da intuição afetivo-relacional.

Seja qual for seu poder positivo, ele é extraído do juízo de percepção e da abdução. *Racionalidades são dispositivos de captura de afetividade.* Como vamos ver, o mesmo pode ser dito sobre as emoções. Uma racionalidade não é diferente de uma estrutura coletiva de emoção (apenas mais amplamente procedimentalizada). É por isso que nos tornamos tão facilmente investidos nelas.

É preciso dizer que pouco disso se aplica à economia. O estatuto racional atribuído à economia como uma "ciência" é ampla e corretamente contestado. O verdadeiro estatuto da "ciência sombria" é mais uma fusão de otimismo e boosterismo de mercado do que de abdução e juízo de percepção. O tribunal da razão não foi gentil com ela. Residentes do campo neoliberal são amplamente deixados por sua própria conta abdutiva.

Afinar o acontecimento

Agora, de volta ao pasto. Acrescente um frisbee ao touro. Podemos lançar uma curva para o touro. Quero dizer, podemos fazer um lançamento que interfira em sua trajetória, assim como uma brisa altera a trajetória do frisbee. Deixar o touro gasoso. Pipocá-lo em outra direção.

Quando o campo de potencial emergiu com o acontecimento, não incluía apenas rotas de fuga. Ele também incluía *gestos* potenciais que podiam imediatamente modular a *relação* entre você, o perturbador intrusivo do campo e o touro territorial. Se desempenhado com o tom certo, um gesto relacional desse tipo pode alterar o complexo de trajetórias de ação. Pode surgir uma linha potencial de fuga que de outra forma não teria sido ativada. Assim, no calor do acontecimento, um potencial é cunhado. Ele é *inventado*, não como uma variável extraída do acontecimento: como um ponto-modulação imanente do campo integral. Um desvio do campo diferencial aparece do nada. Ou melhor, ele emerge pontualmente de toda a complexidade do acontecimento. A mudança do campo do potencial surge em função de como todos os elementos se juntaram no direcionamento do acontecimento por vir, mas é desencadeada por um fator entre eles. Um gesto pontual catalisa uma modulação do campo de potencial de ação no seu todo. O gesto não daria em nada se ele não considerasse em sua própria performance o potencial do acontecimento de todos os seus fatores contribuintes. Ele funciona afinando a maneira como eles se reúnem. Mesmo um ajuste quase imperceptível, um leve movimento de olho ou uma mudança sutil na postura podem mover o intenso campo relacional, catalisando-o em uma alteração de estado.

O gesto modulador é um conversor de acontecimento catalisador. Em sua inventividade, trata-se de um ressintetizador pontual de todo o campo. Esse é o tipo positivamente criativo de fabulação mencionado anteriormente: a invenção do fluxo potencial com a forma de expressão dinâmica do acontecimento, emocionalmente uno com seu desdobramento. Afinar a relação: a arte fabulatória do acontecimento.

Agora vamos reunir todas essas considerações, subtrair o touro, passar para um tipo diferente de situação implantada com pressuposições que tenderíamos a chamar de políticas. Como pensaríamos-sentiríamos uma fabulação política? Que gestos poderiam catalisar uma mudança de estado do campo no seu todo? Responda a essa pergunta, e você terá a intuição como uma arte política do acontecimento.

Uma coisa está clara: essa arte política não estaria baseada na liberdade pessoal da escolha do sujeito individual de interesse. Em vez disso, ela giraria no eixo da fabulação relacional dos fatos afetivos. Registraria que *a liberdade não é escolhida, ela é inventada*. É inventada – de uma forma que não é fácil de distinguir de uma descoberta.

Essa invenção político-intuitiva é uma necessidade da vida. Não há necessidade de escapar das pressuposições do campo de relação no qual estamos coletivamente envolvidos, seja se opondo a elas com um universo utópico alternativo em que a escolha individual é finalmente possibilitada e pode reinar livremente (como se isso fosse concebível, dada a rede de interdependências e sensibilidades cruzadas que fazem parte da trama e urdidura da vida), seja racionalizando o campo todo da vida por meio das boas graças de um tribunal de juízo que atua do alto (se isso fosse possível, ou mesmo desejável). Em vez disso, o que se quer é converter esse mundo neoliberal confuso em que nos movemos imanentemente. Mover criativamente a vida neoliberal na direção de uma mudança de estado do campo no seu todo.

Além dos interesses próprios

> Não é contrário à razão eu preferir a destruição do mundo inteiro a um arranhão em meu dedo. Não é contrário à razão que eu escolha minha total destruição só para evitar o menor desconforto de um indígena ou de uma pessoa que me é inteiramente desconhecida. Tampouco é contrário à razão eu preferir aquilo que reconheço ser para mim um bem menor a um bem maior...
>
> DAVID HUME, *Tratado da natureza humana*

Politicamente, nem tudo é tão simples quanto um touro numa arena. Os muros do capitalismo não contêm sua teimosia nem o protegem dos movimentos que lhe causam mais medo: fluxos registrados ou não de bens e pessoas, as movimentações financeiras não registráveis e as formas de capital sistemicamente imperceptíveis. Fluxos não registrados e extraoficiais incluem o contrabando de *commodities* lícitas e ilícitas, como drogas, e a torrente de refugiados e trabalhadores em situação irregular. Movimentações não registráveis incluem formas de capital financeiro altamente abstratas, como derivativos e *swaps* de risco de incumprimento (como as *credit default swaps*), cuja complexidade desafia a aritmética[1] e, às vezes, torna até o rastreamento da titularidade impossível (o que foi um problema depois da crise provocada pela bolha imobiliária estadunidense). As formas de capital sistemicamente

---

1. No mundo dos derivativos, "preço é sinônimo de contingência absoluta. Não surpreende que seja o instrumento natural da especulação absoluta" (Ayache, 2010, p. 186).

imperceptíveis incluem as novas moedas, como o *bitcoin*. O capitalismo tem medo dessas movimentações à medida que cuida da sua própria estabilidade, contrário à sua tendência dominante de paixão exuberante e irracional pela liquidez irresponsável. Mas, ao mesmo tempo, essas movimentações são suas muletas indispensáveis e seu expoente máximo (com seus lucros por *hedging*, que protegem contra riscos futuros, e seu mercado de futuros). Portanto, a porosidade é a ordem. Pelos poros, acontecimentos distantes ressoam e se correlacionam. Parafraseando Foucault, o cidadão neoliberal é complexamente dependente de um todo incontrolável e não específico do fluxo das coisas e do mundo em que "o acontecimento mais distante ocorrendo do outro lado do mundo pode afetar meus interesses, e não há nada que possa fazer em relação a isso" (Foucault, 2008, p. 277).

Dada a sensibilidade do dividual ao transindividual e considerando a equação problemática entre escolha e satisfação, surge uma dúvida que é tão desafiadora para a figura fundadora do neoliberalismo quanto a questão do real funcionamento da escolha racional. E se por acontecimentos que "afetam meu interesse" entendêssemos não apenas acontecimentos que possam contrariar meus interesses? E se ocorrerem acontecimentos que podem afetar meu compromisso com meus próprios interesses? Afinal, por que razão deveria uma autonomia não pessoal de decisão, que age através de mim, fazer o que faz para mim? Dada a profunda sensibilidade do processamento oscilatório infraindividual, por que não haveria de existir uma razão *a priori* pela qual as decisões centradas no individual interrompem o conjunto de fluxos não especificado de atividade relacional em *meu* benefício? Dada a sintonia transindividual da minha dimensão dividual com a dos demais em outra parte do campo econômico-relacional da vida, por que as decisões que passam por mim não beneficiariam um eu distante, ou até mesmo em detrimento desse eu? Por outro lado, o que impede que as decisões que consigo tomar, contra todas as probabilidades, de acordo com meus interesses racionais, prejudiquem outros? No fim das contas, diz a teoria, todos se beneficiam. Mas quem pode negar os danos colaterais que ocorrem pelo caminho, enquanto as desigualdades crescem e parcelas enormes da população da Terra são relegadas à miséria? E se o longo prazo se perder no percurso e acabar no beco sem saída de mais uma crise? E se a promessa neoliberal da prosperidade e da satisfação para todos se desviar permanentemente da rota? Afinal, se considerarmos a presente perspectiva, sem nenhum fim à vista para as últimas crises já anos depois de terem acontecido, e com a ameaça de mudanças climáticas irreversíveis, os tumultos globais iminentes que delas virão, e os esforços internacionais para revertê-las, por medo de que prejudiquem a economia neoliberal (não importando, claro, as pessoas que ela, em teoria, beneficia), seria o caso de reformular a pergunta: quais são as chances de que ela *não* se desvie permanentemente da rota?

Sua vida pelo meu dedo mindinho?

A questão dupla de o que garante que as escolhas sejam feitas de acordo com o interesse de quem decide e, quando é o caso, o que impede que as escolhas feitas aqui causem dano imediato em outras partes antes que efeitos multiplicadores tenham tido a chance de borbulhar pelo campo relacional, em teoria para a satisfação de todos, era uma preocupação central dos primeiros teóricos cujo pensamento alimentou a doutrina do sujeito de interesse. Esses teóricos procuraram responder a tais dúvidas voltando-se para a filosofia moral. Voltar-se para a política – como será sugerido aqui – foi excluído, por um lado, por causa da desconfiança em relação ao Estado e, por outro, pelo fato de a política coletivista não estatal ser categoricamente incompatível com o individualismo econômico que promoviam. Nessas questões, Foucault cita David Hume, antecessor de Adam Smith, em vez da obra *Teoria dos sentimentos morais*, de Smith. Isso ocorre presumivelmente pela radicalidade da posição de Hume sobre a relação entre racionalidade e afetividade, que reverbera mais com o todo não especificado do fluxo de coisas e o mundo do neoliberalismo atual, e envolve uma visão significativamente diferente de como o interesse próprio funciona. Foucault cita um trecho famoso do livro *Uma investigação sobre os princípios da moral*, de Hume, que trata da impotência decisória da razão:

> Parece evidente que os fins últimos das ações humanas não podem em nenhum caso ser explicados pela *razão*, mas recomendam-se inteiramente aos sentimentos e às afecções da humanidade, sem nenhuma dependência das faculdades intelectuais. Pergunte-se a um homem *por que ele se exercita*; ele responderá *que deseja manter sua saúde*. Se lhe for perguntado, então, *por que deseja a saúde*, ele prontamente dirá que é *porque a doença é dolorosa*. Mas, se a indagação é levada adiante e pede-se *uma razão pela qual ele tem aversão à dor*, ser-lhe-á impossível fornecer alguma. Este é um fim último, e jamais se refere a qualquer outro objetivo. Talvez à segunda questão – *por que deseja a saúde* – ele pudesse dar também a resposta que *ela é necessária para exercer suas ocupações*. Se perguntarmos *por que se preocupa com isso*, ele dirá que é *porque deseja obter dinheiro*. E se quisermos saber por quê, a resposta será que *se trata de um meio para o prazer*; e será absurdo exigir alguma razão para além dessa. É impossível que haja uma progressão *in infinitum*, e que sempre haja alguma coisa em vista da qual uma outra é desejada. Algo deve ser desejado por si mesmo, por causa de sua imediata conformidade ou concordância com os sentimentos e afecções humanos. (Hume, 1912, apêndice 1)[2]

É um absurdo, diz Hume, insistir. Insistir colocaria tudo em um regresso infinito. Terminaríamos num buraco negro do qual algo monstruoso, muito mais feio e desestabilizador do que o meramente irracional, poderia surgir. Não apenas um coelho branco. Além do não razoável, fica o universo daquilo que não está de acordo com o afeto humano. Em alguma parte do regresso infinito devemos evitar o limite do que é *afetivamente* impensável: o que nós humanos acreditamos ser impossível de sentir. Visto da entrada da toca do coelho, esse limite impossível do sentimento

---

2. Citado parcialmente por Foucault (2008, p. 287, n. 14; discussão p. 284-5).

humano é abjeto. Mas e se formos além, a despeito do horror que sentimos como supostos sujeitos de interesse, até ao "extremo regressivo" do sentimento humano? E se confrontamos a questão abjeta – por que eu deveria preferir o meu prazer à minha dor? E daí se eu der preferência ao seu bem-estar em lugar do meu? Se os fins últimos da ação humana nunca podem, de forma alguma, ser explicados pela razão, "não é contrário à razão que eu escolha minha total destruição só para evitar o menor desconforto de um *índio* ou de uma pessoa que me é inteiramente desconhecida" (Hume, 1984, p. 463).[3] E, de toda forma, não existem monstruosidades ainda mais horrendas que surgem do interesse próprio? Porque tampouco é "contrário à razão preferir a destruição do mundo inteiro a um arranhão em meu próprio dedo". O que impede que um indivíduo desvie do objetivo humano final e entre numa espiral para além de seu próprio interesse? Por outro lado, o que impede que o próprio interesse do ser humano em si mesmo seja levado a extremos abjetos e monstruosos?

A explicação de Hume sobre o porquê de o objetivo final não ser regressivo, e por que as escolhas feitas ali servem tanto aos interesses do indivíduo quanto se voltam para o bem comum, recorre a "um sentimento natural". É simplesmente uma característica da natureza humana preferir o prazer à dor em todas as circunstâncias. Uma das coisas que mais prazer proporciona à natureza humana, continua Hume, é a aprovação dos demais: o que agrada aos outros nos agrada, e somos beneficiados pela sinergia afetiva uma vez que convenções de benefício mútuo emergem disso ("regras gerais" de conduta, "costumes", "hábitos"). O motivo pelo qual o que agrada aos demais nos agrada nada tem a ver com a razão. Não se trata, de forma alguma, de um cálculo. Em vez de um cálculo, emerge uma "afetação". Somos direta e afetivamente tocados pelo prazer e pela dor dos outros. Sentimos literalmente o prazer e a dor deles por meio de

---

3. Citado parcialmente por Foucault (2008, p. 287-88, n. 15).

uma "comunicação de sentimentos" direta que se deve à nossa capacidade natural para a solidariedade, "que nos faz participar da satisfação de cada pessoa". "É a *simpatia* que é propriamente a causa do afeto" que estabelece a comunicação entre mim e os demais (Hume, 1984, p. 407-8). Funciona assim:

> Quando um afeto [de outrem, causando dor ou prazer] se transmite por simpatia, nós a princípio o conhecemos apenas por seus efeitos e pelos signos externos, presentes na expressão do rosto ou nas palavras, e que dele nos fornecem uma ideia. Essa ideia imediatamente se converte em uma impressão, adquirindo um tal grau de força e vividez que acaba por se transformar na própria paixão, produzindo uma emoção equivalente a qualquer afeto original. Por mais instantânea que possa ser essa transformação da ideia em uma impressão, ela procede de certas considerações e reflexões que não escaparão ao exame rigoroso do filósofo, embora possam escapar à pessoa mesma. (Hume, 1984, p. 367-368)

A palavra "ideia" não deveria ser mal interpretada. Para Hume, uma ideia é um tipo de percepção.[4] Esse relato da transformação efetivada pela simpatia é totalmente compatível com a discussão anterior deste ensaio sobre a abdução e o juízo perceptual, se o processo for entendido como uma inclusão mútua no mesmo acontecimento com modos de atividade diferentes: afecção, percepção, impressão, ideia, paixão. "Afeto" é utilizado com o significado mais simples de ser-afetado: ser submetido (a algo). A percepção da afecção do outro alimenta uma ideia do prazer e da dor do outro. A ideia me atinge e a força do ataque converte a ideia em uma impressão. Isso produz uma vividez de sentimento, que gera a paixão – que vivencio diretamente como uma afecção em mim, de mim mesmo. Todos esses modos devem ser entendidos como co-ocorrendo "instantaneamente", se fundindo num acontecimento singular que se dá em um nível *não consciente* da

---

4. "Todas as ideias são tiradas de impressões, e essas duas espécies de percepção diferem apenas nos graus de força e vividez com que atingem a alma." (Hume, 1984, p. 369). A definição da ideia como espécie de percepção ocorre na primeira frase do tratado: "As percepções da mente humana se reduzem a dois gêneros distintos, que chamarei de *impressões* e *ideias*" (Hume, 1984, p. 49).

experiência imediata. A "comunicação" da força afetiva da experiência do outro em uma afetação da minha experiência não é menos direta por ser multimodal. No instante, os modos envolvidos estão em sobreposição – assim como o outro e eu, em uma experiencia compartilhada. As "opiniões" e "reflexões" são imanentes à emergência de uma simpatia perceptiva.[5]

O conceito de Hume de paixão sintetiza essa aproximação ocorrente. Ele define paixão nos termos de uma "dupla relação de ideias com impressões" (Hume, 1984, p. 338). Uma paixão acontece quando uma impressão e sua reflexão "instantânea" em uma ideia que emerge simultaneamente à afecção se fundem como dois aspectos do mesmo imediatismo perceptual da experiência. O acontecimento então se torna uma relação dupla entre pensar e sentir, no sentido de que um circuito bidirecional fica estabelecido entre eles. Em virtude disso, uma paixão pode dar origem à simpatia, assim como a simpatia gerar uma paixão (1984, p. 627). Nesse vaivém, podem ser criadas tendências adquiridas que acarretem um benefício mútuo – as "virtudes artificiais" da convenção social (1984, p. 628). Mas já no imediatismo do acontecimento, a fusão do pensar-sentir lança uma tendência: uma automotivação de atividade orientada. A tendência faz parte da própria definição de paixão. Com uma paixão vem uma vivaz "facilidade para a transição": a atividade circula com mais facilidade entre os modos de atividade que se unem na percepção e, em decorrência, pode

---

5. Deleuze desenvolve um relato não subjetivista, não personalista da teoria de Hume do conhecimento consonante com essa leitura (Deleuze, 1991, p. 22-36). De acordo com a leitura de Deleuze, as "impressões" de Hume não atingem a "mente". Em vez disso, sua afecção dá origem à mente. A mente é "ativada", e as regularidades da relação e associação que a estruturam "qualificam" essa ativação. Como resultado, o sujeito "devém": "quando Hume fala de um ato da mente – uma disposição [ou tendência] – ele não quer dizer que a mente está ativa, mas que ela é ativada e que se torna sujeito" (Deleuze, 1991, p. 26). Isso faz da "mente" não uma coisa ou substância, mas um modo de atividade ou de atuação. As "associações" na base da nossa compreensão, de casualidade, por exemplo, são, portanto, não operações conduzidas pela mente, mas qualidades do seu devir. Elas operam de maneira não subjetiva, na gênese do que passará a se entender como um sujeito.

fazer a transição mais prontamente para uma ação.[6] A paixão já é uma incipiência de ação em potencial prontidão. Isso significa que a percepção não é apenas um pensar-sentir: é um já-quase--fazer-pensar-sentir. É uma fusão germinal de ação e percepção: uma *ação-percepção* incipiente. Mais radicalmente, não apenas convenções sociais, mas também *novas paixões* podem surgir do "impulso duplo" oferecido pela emergência da paixão de primeira ordem (1984, p. 336) – paixão sobre paixão, em uma proliferação inventiva, crescendo em um contágio comunicativo de afetabilidade acionável. A palavra preferida de Hume para o que a força da paixão faz é *atuar* (por exemplo, 1984, p. 393). Atuar: ativar. A teoria da percepção, em sua relação com o entendimento, é uma filosofia ativista. Não seria exagero igualar o processo superposicionado da experiência acima descrito com uma "atividade crua" que passa a determinar a expressão. *A atividade crua que é o germe da formação da experiência é inseparável da simpatia.* A atividade crua pode ser resumida como uma *tendência para tendências* se formarem e se assentarem no mundo, como uma função da simpatia.

Não existe mediação pela faculdade da razão envolvida no processo pensar-sentir da simpatia. Nenhum sujeito de interesse intervém. Existe apenas a complexidade inventiva do acontecimento perceptual que passa por mim a caminho de outras transições. O funcionamento da razão vem depois da gênese da percepção e o acontecimento generativo, nas reflexões do filósofo, ou talvez nas reflexões da pessoa que foi afetada em todo o imediatismo e agora recorda o encontro a distância. Nesse último caso, a razão pode modular o processo somente se o pensar incluído no sentir tiver, por algum motivo, se desviado da rota. Afinal, "signos externos" podem ser ambíguos. Uma maneira

---

6. A fusão da impressão e da ideia – a "reflexão" imediata alinhando-se com a impressão, e constituindo ela mesma uma impressão, uma "impressão de reflexão" (1984, p. 63) – dá origem a uma "facilidade" para uma "transição" específica, onde o "impulso duplo" acontece de uma vez (1984, p. 338). Hume usa "impulso" como sinônimo para "tendência" à transição (ver 1984, p. 180).

de o processo se desviar da rota é quando o suposto resultado no rosto ou nas palavras do outro, que desencadeia o processo simpático, é atribuído ao objeto errado. Por exemplo, você pode magoar alguém com o que diz, mas pode interpretar equivocadamente qual comentário causou a afecção. A outra maneira de ocorrência do erro é quando a tendência que surge com a paixão recém-formada vai parar no lugar errado, de modo que se torna insuficiente como uma forma de efetivar a transição apaixonada (Hume, 1984, p. 463). Esses erros são "falsos juízos" – juízos *perceptuais falsos*.[7] O único papel da razão é o de ser um corretor refletivo de juízos perceptuais falsos (ver Suplemento I).

Hume não tem paciência com a retórica padrão sobre "combate entre paixão e razão" (Hume, 1984, p. 460-2). Como podem entrar em um combate físico quando nem mesmo se tocam de fato? A razão se mantém afastada do processo inventivo de vida que vem repleto de percepção. Por isso, a razão não tem uma força motivante. É por isso que ela não consegue ditar que eu não deveria preferir o desastre para um outro a um arranhão no meu dedo mindinho, ou que não deveria preferir minha própria dor ao prazer, agindo potencialmente em benefício de um outro distante contra meus interesses próprios. "A razão sozinha não pode produzir nenhuma ação nem gerar uma volição". Simplesmente não existe terreno comum entre a racionalidade e a afetividade que possa se tornar um campo de batalha. "Uma paixão é uma existência original ou, se quisermos, uma modificação de existência; não contém nenhuma qualidade representativa que a torne cópia de outra existência ou modificação" (1984, p. 460). Um pensar que contém uma qualidade representativa é o que é conhecido hoje em dia como cognição e, como tal, pertence à razão. A paixão,

---

7. A teoria do erro de Whitehead em *Symbolism* está de acordo com a de Hume (Whitehead, 1985, p. 6-7, 19, 21). A análise da percepção de Whitehead nessa obra gira em torno de uma leitura de Hume e gera conceitos de compreensão imediata, afetiva, não cognitiva, semelhantes ao conceito de "pensar-sentir" no presente relato. Sobre falsos juízos de percepção, ver também Whitehead, 1964, p. 153-5.

não contendo qualidade representativa alguma, é não cognitiva. Como uma modificação da existência, é um tornar-se. Juntem-se os dois, e nasce um devir não cognitivo. Como o polo processual em torno do qual as tendências surgem e se tornam convenções de comportamento que orientam a atividade da vida, a paixão equivale à volição: seu devir não cognitivo é um ontopoder.

É nesse ponto que a questão da escolha volta ao debate. *Embora uma paixão seja uma volição, uma paixão não é uma escolha*: ela se encontra no cerne de um processo que segue seu curso automaticamente, no instante, sem nenhuma intervenção de um sujeito com poder de decisão. O processo decide por si próprio. A escolha surge *entre as paixões*. Ela vem das paixões adentrando um combate com outras paixões, tendências com tendências opostas ou orientadas de forma diferente, na atividade nua. "Nada pode se opor ou retardar o impulso da paixão, a não ser uma paixão contrária" (Hume, 1984, p. 460). Numa atividade nua, as paixões lutam entre si, repletas de percepção, imbuídas de pensamento não consciente, já potencialmente trabalhando, em ação, um dado assunto. Esse pensar-sentir afetivo não é o oposto da racionalidade. Não se pode reduzi-lo à simples negação da racionalidade. Pode ser não racional, mas não é irracional. A paixão que o acompanha é uma "existência original". É uma existência original, autoafirmativa nas suas tendências e que, como tal, deve ser descrito em termos positivos, como supondo seu processo próprio de ontopoder.

Isso soa como uma filosofia moral? Se incluirmos nesse argumento a ideia de *priming* e outras formas de condicionar o acontecimento, e a ampla modulação do campo relacional realizado por um condicionamento de acontecimento – inclusive o potencial para novos e emergentes trajetos de ação, a serem inventados –, então o resultado é mais parecido com uma política: uma política afetiva, fundamentalmente. Nesta política, a escolha racional não tem nenhum papel formativo nem realidade própria. Fundamentalmente, não se trata de escolha – mas de simpatia. E a simpatia está na comunicação imediata de afecções entre indivíduos: ela é transindividual.[8]

Isso significa que o individualismo do interesse próprio tampouco tem um papel formativo, a despeito da tentativa do próprio Hume de salvá-lo. De toda forma, Hume não parece convencido pelo próprio argumento de que preferir o prazer à dor seja um "sentimento natural" incontrovertível, que a aprovação dos outros constitui naturalmente um prazer e que, juntos, sejam capazes de bloquear uma queda no extremo regressivo do divíduo. O que ele, assim, não é capaz de afastar é a possibilidade do processo complexo, inseguro e oscilatório em que o divíduo aparece como extremo mais íntimo, nem uma decisão a tomar que, pelas convenções da sociedade, seria inaceitável: que recaia para o extremo oposto de se preferir a destruição do mundo a um desconforto insignificante de um dedo mindinho, ou o extremo oposto de escolher minha própria ruína completa ao desconforto mínimo de uma pessoa do outro lado do mundo que me é inteiramente desconhecida. Sem a influência do interesse próprio, a simpatia parece nos levar naturalmente nessa última direção. Em seus próprios termos processuais, não há razão por que um contágio de sentimento do tipo sobre o qual Hume teoriza não ofereça ações que expressam uma preferência pelo bem-estar do outro em detrimento do meu próprio. Como a razão não é capaz de explicar por que isso não se aplica a esse caso, o campo parece pesar afetivamente, pelo menos, tanto nessa direção quanto na direção do desprezo insensível.

Apenas os condicionamentos sistemáticos de acontecimentos, que estimulam o interesse próprio, poderiam vencer essa tendência, havendo, portanto, muito trabalho pela frente se eles quiserem superar a possibilidade de um desvio "não natural" como

---

8. Para uma discussão mais ampla sobre simpatia, transindividualidade e política, ver Massumi (2014). Sobre transindividualidade, ver também Combes, 2013, p. 25-50. Sobre simpatia, ver Lapoujade, 2010, p. 53-76.

resultado do papel formativo da simpatia na gênese da percepção. Não surpreende então que o neoliberalismo se mantenha tão ocupado vendendo as virtudes do interesse próprio e enraizando a pressuposição de que seus residentes são sujeitos da escolha racional, empregando todos os tipos de manobra com o objetivo de incutir transições que façam da escolha racional de interesse próprio a tendência dominante. Também não é uma surpresa – dada a impotência humeana da razão, além da cegueira necessária em relação ao sujeito de interesse que Foucault enxerga como libertando a mão invisível do mercado – que essa tendência do neoliberalismo de promover tendências de escolhas racionais de interesse próprio leve aos paradoxos da decisão descritos anteriormente, como exemplificado na atenção-sem-deliberação e na cegueira de escolha. Estranhamente, dado o seu ceticismo em relação à religião, Hume recorre à carta trunfo da "Vontade Suprema" para salvar algo que se assemelhe a uma base sólida para a escolha de interesse próprio, no que só pode ser compreendido como uma admissão implícita de que o argumento do sentimento natural carece de um reforço sobrenatural. No fim das contas, este argumento não é mais convincente do que o do seu rival, o argumento de que existe um combate entre a afetividade e a razão e, claro, que a razão vence.[9] Em ambos os casos, resiste-se ao espectro da simpatia levado a extremos impensáveis. Mãos invisíveis, ao que parece, são lavadas em muitas pias, tanto de natureza econômica quanto filosófica.

O que fazem as mãos invisíveis quando seus dedos são arranhados?

---

9. O poder de escolha do indivíduo como expressão da preferência por prazer ou dor "fundada na natureza das coisas" é "em última instância uma derivação dessa Vontade Suprema, que concedeu a cada ser sua natureza peculiar, e organizou as diversas classes e ordens da existência" (Hume, 1912, Apêndice 1).

Contiguidade, mais distante

Uma parte fundamental da teoria de Hume sobre o efeito moderador e regulatório do sentimento natural é o argumento por semelhança: "descobrimos que onde, além da semelhança geral entre as nossas naturezas, existe qualquer semelhança peculiar nos nossos modos, nosso caráter, país ou nossa língua, isso facilita a simpatia" (Hume, 1984, p. 368). Onde existem diferenças, a familiaridade alimentada pela "contiguidade" cria as condições para a simpatia (1984, p. 369). De acordo com esses argumentos, existe uma hierarquia de solidariedade baseada nos padrões estabelecidos de pertencimento, de acordo com um tipo geral (por exemplo, a solidariedade humana de pertencimento à mesma espécie ou classe) ou devido às particularidades da frequentação (família, comunidade, nação), solidariedades baseadas na contiguidade de semelhança/familiaridade.

Embora possa ser o caso, em geral, de que a solidariedade está preferencialmente estruturada dessa forma, existem exceções suficientes à regra geral para levantar, mais uma vez, a questão de o que poderia acontecer se os condicionamentos constantes com o objetivo de sedimentar essa hierarquia não estivessem implantados. Em termos do "abandono em massa" do poder normativo-disciplinar, por parte do neoliberalismo, os condicionamentos hierarquizantes de simpatia perdem seu ancoramento em confinamentos facilmente controláveis. São forçados a operar num campo ambiental aberto e oscilatório, o que os torna tendenciosos a extremos. Para manter a simpatia no pertencimento, assente em uma contiguidade afirmativa de critério de semelhança/familiaridade, *primings* afetivos são necessários para suprimir ou demonizar as percepções da diferença. Dada a natureza de proliferação do capitalismo – e sua tendência ontopoderosa de aumentar as diferenciações (para melhor inventar nichos de mercado) –, *primings* virulentos que tendem ao contágio fascista são necessários para fortalecer o sentido de identidade e restabelecer os limites.

Isso pode ser visto na ascensão da extrema direita no Estados Unidos, que começa com a estruturação formal dos mecanismos financeiros da economia neoliberal nos últimos anos da década dos 1970 e agora afeta todas as áreas da Europa, em especial desde a destruição do que restava do modelo social-democrático por meio da crise financeira de 2007-8 e das políticas de austeridade subsequentes que impuseram, de forma brutal, uma transição abrupta para um modelo completamente neoliberal. Por outro lado, e ao mesmo tempo, libertas da hegemonia normativa-disciplinar sobre o campo de relação que caracteriza a fase anterior do capitalismo, tendências sem inclinação à contiguidade afirmativa da semelhança/familiaridade se multiplicam rapidamente e se tornam ferozes contra o fluxo do "sentimento natural".

Essas ferozes "participações contra a natureza" são conhecidas por diversas expressões.[10] Contra a semelhança em geral, o início dos 2000 tem sido marcado por uma mudança oceânica em percepções da diferença entre espécies. Tem havido um aumento exaltado de preocupação, na academia e no ativismo, com formas não humanas de vida, já por si inventivo de novas tendências cruzadas expressivas de simpatia. Em paralelo, a geografia do campo relacional foi fundamentalmente modificada pela internet e pelas mídias sociais, que redistribuíram as percepções de contiguidade e familiaridade. Contágios virais proliferam todos os dias, independentemente da distância ou familiaridade anterior. Na sociedade das redes, o que está mais distante pode causar um efeito mais próximo. Por outro lado, o entorno imediato de alguém pode parecer estranhamente afastado, distanciado afetivamente pelas intensidades da experiência comunicada por viralidades vagueantes.[11] Exemplos de simpatia feroz se tornam

10. Sobre "participações não naturais", ver Deleuze e Guattari (1987, p. 240, 258, 260). Essas participações são "não naturais" no sentido de irem contra a fibra do que pode ser considerado normativamente natural, não no sentido do que existe fora do universo na natureza. A natureza está repleta delas (ver Massumi, 2014, Suplemento 1).

11. Para um estudo da viralidade contemporânea a partir do pensamento de Gabriel Tarde, ver Sampson (2012).

tropos importantes nas mídias sociais: imagens de "atos aleatórios de gentileza", histórias de "altruísmo puro", vínculos inesperados entre indivíduos que não têm nada em comum, ou entre animais de espécies diferentes, para citar alguns, peculiaridades culturais que provocam uma simpatia que, quem as vive, jamais poderiam se justificar por nenhum padrão prevalente de gosto. Num viés mais *mainstream*, a retórica midiática do "herói" cotidiano que ativamente aceita a possibilidade da própria destruição diante da desgraça alheia se tornou uma presença diária e inevitável, especialmente desde o 11 de setembro.

No extremo cruel da falta de solidariedade em relação aos outros, além daquilo que um ponto de vista normativo chamaria de ações "antissociais" por indivíduos, vemos atitudes coletivas generalizadas de fato baseadas no que é vendido como um pensamento econômico "racional". Estas são talvez entendidas mais como uma solidariedade pelo mercado, do que como uma falta de solidariedade em si – do tipo que as pessoas coletivas e sujeitos corporativos tendem a sentir, e sentir como estando em conformidade com seus próprios interesses, para além, também, do bem comum, pelo menos enquanto equivalente ao longo prazo de efeitos multiplicadores acumulados. O mais notável nessas solidariedades com o mercado ou paixões pelo processo capitalista em si – desejos capitais – é a insensibilidade em relação aos desfavorecidos, manifestada em políticas de retirada de benefícios sociais por amor ao lucro, e nas atitudes em relação à mudança climática e outros desastres ecológicos. As políticas climáticas assumidamente obstrucionistas de alguns dos países mais desenvolvidos, especialmente Austrália, Canadá e Estados Unidos, não equivalem à preferência pela destruição do mundo quando confrontados com a possibilidade de um pequeno arranhão no dedo da mão invisível do mercado?

Dada essa situação, o argumento de que os sentimentos naturais fundamentam as paixões pelo interesse próprio – mas também regulam, de forma confiável, a solidariedade de acordo com os princípios de semelhança de categoria, familiaridade e contiguidade – parece hipócrita. Confiável? Não faz sentido voltar a isso. Se esse princípio da "natureza humana" já esteve alguma vez em vigor, sua força diminuiu visivelmente nos dias de hoje.

O argumento vindo da intensidade

A relativa estabilização da curva de sino da simpatia, enquanto os extremos do espectro ganham força, não deveria significar que mais pessoas se tornam pessoalmente investidas em obter prazer com a dor dos outros, no extremo cruel, ou, no outro extremo, em sentir dor em deferência ao prazer do outro. Não se trata de sadismo ou masoquismo. E deveria estar bem claro a esta altura que a afetividade não tem relação com investimentos subjetivos e pessoais, mas com a autonomia de tomar decisões que só podem ser entendidas como residindo nas oscilações não especificadas do campo relacional no seu todo – ou, para ser mais preciso, nas movimentações da sensibilidade dividual-transindividual que atravessam o campo relacional, que comunicam afetos, interrompendo o fluxo a cada momento, e que resultam em acontecimentos singulares de juízo perceptual na origem da ação. O problema, assim, encontra-se na própria ideia de que os fatores hedonistas de dor e prazer acabam embasando a escolha, e são capazes de orientar como a simpatia produz tendências autodesejadas alimentadas pela paixão.

A alternativa a fundar a decisão e a volição na distinção hedonista entre dor e prazer é introduzir a categoria da intensidade no cenário afetivo. A intensidade é não hedonista. Não se trata de um *estado* subjetivo que expressa o investimento afetivo de uma pessoa. É a dimensão dos acontecimentos a que a vida do corpo se prende. A intensidade de um acontecimento é o nível de estímulo do seu teor qualitativo: o que Hume chama de "vivacidade" ou "vitalidade". Hume sempre fala da vivacidade de um fenômeno em termos de grau. A intensidade é não binária, como dor/prazer, mas se encontra num contínuo. Hume nunca fala de vivacidade como um estado, sempre como uma *força*. A vivacidade ou intensidade de uma impressão ou uma ideia a torna mais dramática e, portanto, mais forçosamente efetiva como geradora de paixão e tendência. O conceito da intensidade, pelos padrões hedonistas comuns, é estranho. É a ideia de uma *força qualitativa* imanente a acontecimentos que lhes dão o poder de efetivar as transições: seu poder de decisão de provocar uma interrupção que dê continuidade ao fluxo de acontecimentos. A intensidade é a sensação da volição afetiva. Sua força motriz claramente não está comprometida com o interesse próprio. Ela está a serviço da vivacidade. O importante é a vitalidade, como um valor autoafirmativo, expresso como um poder de efetuar transições no mundo. Um acontecimento de intensidade incomum produz uma mais-valia de vida: um impulso de vitalidade que é comunicado por meio da simpatia e se espalha tendencialmente, afirmando-se em e como um poder de contágio. A intensidade está na base do ontopoder. É o impulso de força qualitativo do devir. Como vimos anteriormente, as novas paixões, que correspondem às tendências emergentes, se inventam por meio do processo afetivo com que a simpatia se expressa.

Whitehead acrescenta um elemento essencial: o contraste (Whitehead, 1967, p. 252-64; 1978, 162-3, 279-80). O que determina a intensidade de uma experiência, diz o autor, são os *contrastes* que ela envolve. Em outras palavras, uma intensidade é a medida de inclusão mútua daquilo que, em outras circunstâncias, tende a se separar. Certos acontecimentos suspendem a contrariedade do normalmente presente com termos mutuamente excludentes. Quanto mais contrastes desse tipo uma experiência é capaz de conter, mais intensa ela é. Porque os "termos" são, de fato, tendências. Objetos, formas perceptuais e qualidades de todo tipo operam como gatilhos de atividade futura, que já surgem incipientemente no início de uma experiência. Figuram como signos de uma paixão potencialmente pronta para determinar a tendência (vamos recordar que o relato de Hume sobre a gênese da paixão na solidariedade começou com o aparecimento de um signo). Os termos que se mantêm juntos em seu contraste, sem a contrariedade, estão na experiência incipiente para tendências copossíveis que, em outro lugar, em outras experiências, se recusarão a coabitar. Estão presentes como *copossibilidades*: alternativas copresentes para as quais as transições têm o potencial de seguir. Ou, para voltar ao exemplo do touro, como caminhos de ação alternativos, vivenciados ao mesmo tempo e em suas diferenças uns do outros, na forma de juízos perceptuais imediatos e de abduções, para as quais rapidamente extrapolam (hipóteses experimentadas diretamente na gênese da percepção). É a acomodação no acontecimento de uma gama maior de desdobraentos tendenciais copossíveis que o intensifica. Em termos mais simples, quanto mais contrastes são mantidos em potencial de prontidão, mais cheia de vida a experiência se torna – mais estimulante na atividade nua, mais vivaz, mais vital ela se torna. Mais mais-valia de vida ela produz. Mais amplo seu pacote de ondas afetivo.

Foi afirmado anteriormente que uma política do afeto seria arte política. Whitehead define a realização da intensidade como definidora da dimensão estética da existência (Whitehead, 1978, p. 109, 197, 213, 244, 279-80). A arte seria então a prática de empacotar uma experiência com contrastes e *mantê-los suspensos numa composição de signos*: maquinando um intervalo intenso, para que o pacote das ondas afetivas não entre em colapso. Isso é obtido pela maneira como o acontecimento da percepção é condicionado: quais pressuposições são implantadas e como; quais tendências são ativadas, em que ritmo e em qual tensão abdutora; e quais paixões novas e tendências emergentes têm o potencial de emergir dessa tensão. É nesse sentido que uma obra de arte é criativa: em como ela tem o potencial de inventar novas paixões e tendências. *Não é o artista que é criativo*. A criatividade não é um estado subjetivo. É uma forma de atividade que passa pela vida do artista. Sempre expressa um acontecimento inventivo.

Da mesma forma, uma arte da política afetiva acomodaria a experiência com contrastes ao movimento de um signo ou uma composição de signos. Também manteria as tendências acionadas em suspense, numa tentativa de evitar que o pacote de ondas afetivas entre em colapso – e assim evitando, pelo menos de imediato e de forma assimilável, a determinação do nível de satisfação e sucesso resultante de um cálculo de interesses. Mais uma vez, o interesse não é um ingrediente fundamental para a ocorrência do acontecimento. A simpatia é o modo do acontecimento. No entanto, à medida que novas paixões e tendências surgem e se estabelecem no mundo, os interesses inevitavelmente vão aparecer ao redor dos assentamentos. Longe de serem primárias, são as intensidades da experiência que abrem o caminho para os interesses. Os interesses são criaturas estabelecidas de intensidade. São inventadas por meios afetivos que são estranhos à sua própria dinâmica de evitar dor e buscar prazer. Hume e os neoliberais inverteram tudo. A satisfação não vem no fim, depois que os interesses próprios de alguém são perseguidos. Ela ocorre ao longo do caminho, no valor de autoafirmação do processo em si. Ocorre na experiência imediata de um "mais" qualitativo na vida, uma mais-valia de vida que é vivida intensamente, tal que sua vivência é em si sua própria recompensa. Chamar isso de "satisfação" é menosprezá-la, de tão diferente que ela é da satisfação hedonista, e tão mais vital. O termo de Spinoza funciona melhor: *alegria*. A alegria é muito mais que um prazer. Ela registra a invenção de novas paixões, tendências e caminhos de ação que ampliam os poderes da vida, abundante em percepção. Registra devir. É um pensar-sentir imediato dos poderes de existência, numa intensificação apaixonada e num aumento tendencial.

A alegria, nesse sentido, não se mapeia no prazer.[12] Ela pode conter uma mistura de prazer e dor, ou inúmeras emoções

---

12. Simondon também resiste enfaticamente à redução de afetividade a sua dimensão hedonista: "Não se pode equiparar afetividade com prazer e dor tanto quanto igualar uma sensação com linhas e ângulo". "A afecção", ele continua, com Spinoza inconfundivelmente em mente, "se ordena de acordo com uma bipolaridade que não é diretamente transponível à dicotomia dor/prazer: 'alegria e tristeza'" (Simondon, 2005, p. 257). Nietzsche desenvolve um ponto de vista semelhante em *Late Notebooks* (2003); ver em especial 40 [42] p. 46; 11 [71-72] p. 210-1; e 11 [83] p. 214-5.

contrastantes. Tampouco se transpõe para qualquer emoção em particular ou para qualquer emparelhamento emocional contrastante. É o fator de vitalidade de todas as categorias hedonistas e emocionais. Não se trata de uma emoção: é o *afeto da vitalidade* (Stern, 1985, p. 53-61; Massumi, 2010, p. 43-4, 111, 152-3; Massumi, 2014, 9, 25-9). Existe uma variedade infinita de afetos da vitalidade. Cada acontecimento de percepção tem seu afeto de vitalidade, com seu próprio teor qualitativo e sua força tendencial – seu próprio grau de intensidade. Nesse sentido, cada experiência é sua própria alegria. Uma emoção é um estado subjetivo. Uma alegria é uma expressão dividual-transindividual do potencial de inventividade da vida.

Whitehead se arrisca a dizer que o aumento na intensidade é o objetivo máximo da vida – e até do "universo" (Whitehead, 1967, p. 201; 1978, p. 107).

Hume também entende seu relato da gênese afetiva da experiência em termos estéticos. Mas, de acordo com seu tempo, ele considerava a categoria fundamental da estética o *gosto*, não a intensidade. E entendia que o objeto do gosto era a beleza ("um douramento ou uma mancha no objeto"), e não o pensar-sentir dos poderes da existência em crescimento. Alinhado com a sua doutrina da não relação entre afetividade e razão, ele não assimila o gosto ao juízo. E mantém um relato afetivo disso. Mas, para ele, significa relegá-lo, e, com ele, a estética como um todo, ao binarismo hedonista de prazer e dor. No entanto ele reconhece o gosto como uma força motivadora. Sugestivamente, ele também o reconhece como "uma faculdade produtiva" que "desenvolve, de certa forma, uma nova criação". Mas a forma da criação que ele gera é um "sentimento" ligado à obtenção de um novo prazer, ou um prazer familiar de "douramento" raro. Isso elimina qualquer política da estética, voltando seu pensamento ao universo da filosofia moral, ainda que com um viés completamente construtivista despojado de qualquer "dever" fundamental e que exclui qualquer apelo a categorias *a priori* de juízo.[13]

---

13. Todas as citações neste parágrafo são de Hume, 1912, Apêndice 1.

Se a alegria precisa ser distinguida do prazer e da satisfação e separada do gosto, ela também deve ser resguardada de uma indignidade final: ser confundida com uma gratificação instantânea. É verdade que a gratificação instantânea é uma atividade em si mesma, além de ser autoafirmativa. Mas é consumidora, não criativa. E, de fato, apenas metade dos paradoxos neoliberais da satisfação do interesse próprio. A gratificação instantânea (pegue enquanto puder, antes que a próxima crise ataque) e o adiamento da satisfação (o cálculo "racional" de que seria mais sensato, no longo prazo, adiar a satisfação) são dois lados da mesma moeda neoliberal. São uma alternativa infernal: escolha o que escolher, essa "escolha" prende você à pressuposição de que você é, de fato, um sujeito de interesse, não importando sua decisão.[14] E prende você à dinâmica hedonista da vida em sua expressão neoliberal e, como tal, é catastrófica do ponto de vista da intensificação da existência. A satisfação, associada ao consumismo, é desintensificante. Em vez de manter a contrariedade dos contrastes em tensão, suspende essa tensão – perdendo assim os contrastes. E alivia a tensão, congelando a tendência num momento de equilíbrio entrópico que parece oferecer socorro nos mares oscilantes do tempestuoso campo econômico da relação. *A satisfação de consumo é a antiestética do capitalismo.*

Isso não quer dizer que não exista uma possibilidade de alegria no capitalismo. Há uma abundância de intensidades, e as alegrias podem ser encontradas no consumo. As intensidades têm o potencial de registrar contratendências, e as alegrias do consumo são desfrutadas criando uma arte criativa a partir dele, contra o impulso de busca por equilíbrio de satisfação entrópica, instantânea ou adiada. Isso pode ser visto, por exemplo, nas culturas de fãs, culturas do faça-você-mesmo, culturas de hackeamento e atividades de *culture jamming*, que transformam o consumo de

---

14. Sobre o poder capitalista envolvendo de maneira central a imposição de "alternativas infernais", ver Pignarre e Stengers (2011, p. 23- 30).

novo em uma atividade produtiva. Em todos esses casos, a dinâmica dividual-transindividual é afirmada e infletida, ainda que não seja explicitamente pensada nesses termos. O "sujeito" das práticas é coletivo, e a tendência coletiva é inventar tendências, num contágio viral. O objeto do consumo é reativado e reacionado como um signo *de paixão* (um signo que opera de modo a iniciar uma paixão, e potencialmente uma invenção de novas paixões futuras). A simpatia reafirma seus direitos como uma força da existência. Há uma agitação de alegria. É em virtude dessa reafirmação coletiva da paixão baseada na solidariedade como uma "faculdade produtiva" e uma alegria que as artes do consumo registram as contratendências. Isso não constitui uma política em si, mas tampouco é o padrão de sempre.

O outro como um signo da paixão

Para aproximar mais a solidariedade da política, basta reconsiderar o papel do outro no relato de Hume da gênese da simpatia. Seu relato começa quando o signo de uma afecção vivida pelo outro me afeta, desencadeando um processo passional em que a afecção se comunica comigo. Para conter o movimento de solidariedade contido no âmbito do "sentimento natural", Hume é obrigado a interpretá-lo como um signo de prazer ou de dor do outro. Isso precisa ser revisto à luz de todas as formas que acabaram de ser enumeradas nas quais o processo afetivo desencadeado pelo signo transborda a dimensão hedonista da experiência.

Transmitidas com a afecção, mutuamente incluídas em sua vivacidade, estão as ações incipientes e as sementes da tendência. O signo do outro as aciona. Sua paixão é a movimentação de seu acionamento. Você é envolto por uma complexidade de contrastes não resolvidos e resultados alternativos, todos intensamente pensados-sentidos e repletos de percepção. O afeto da vitalidade do acontecimento é o registro dessa complexidade, como algo que excede qualquer polo particular de contraste, par contrastivo ou resultado determinante. A multiplicidade dos modos de atividade, multiplicada ainda mais pela coapresentação das realizações alternativas de cada um, gera uma tensão insustentável. A tensão é o arrebatamento do divíduo na atividade nua. Apenas uma questão em ação pode resolver a tensão. Apenas uma ação pode efetivamente se desdobrar. Essa necessidade de uma redução do pacote de ondas afetivas em si produz uma tensão adicional: entre a revigoração do instante e da resolução futura, durante a qual a experiência será determinada tanto a se distanciar da vivacidade germinal da sua plenitude com contraste, incipiência e tendência, como a se aproximar da possibilidade vaga, mas vitalmente sentida, de invenção de novas paixões e suas tendências associadas.

O signo do outro que desencadeia esse processo afetivo e sua realização passional tem um duplo sentido que corresponde às duas tensões, a do surgimento de um campo de potencial transbordante e a tensão entre o surgimento e sua realização determinante. O que o signo do outro significa se divide em duas direções. Em uma direção, ele aponta para a paisagem acionada de potencial descrita acima. Essa não é a paisagem que o outro habita. Não é o território familiar do outro. Na verdade, é a paisagem que habita o outro: a gama de paixões copresentes e ações-percepções tendenciais acionadas pelo signo emitido pelo outro. A paisagem de potencial não habita o outro tanto quanto se coloca *entre mim e o outro*, acionada na comunicação da afetabilidade que se movimenta instantaneamente do outro para mim, e nessa movimentação me move diretamente. Ela habita essa relação de movente. A relação-movente é o hífen entre dividual-transindividual: minha vida está envolta na atividade nua por meio da movimentação transindividual da transição. A manifestação no infra-afeto do divíduo e a transafecção do outro são uma coisa só: dois polos instantâneos da mesma movimentação relacional.

No entanto, como foi o outro que emitiu o signo que desencadeia a movimentação, nossos hábitos associativos enraizados de percepção estão aptos a designar o outro como causa do acontecimento. A paisagem do potencial é então atribuída ao outro, e a tendência é interpretá-la como pertencente ao outro. A comunicação afetiva agora não mais aparece como uma relação imediata que provoca uma transição entre acontecimentos: a afecção do outro e sua emergência final nas minhas ações como uma função de simpatia. Em vez disso, a experiência é vivenciada como uma transmissão para mim de um conteúdo da vida do outro. Como se o outro e eu fôssemos interioridades separadas – em vez de (in)dividualidades transcorrelacionadas de sensibilidade cruzada. A paisagem de potencial é então vivenciada como o signo de um *mundo possível* que é subjetivo por natureza.[15]

É nessa base que amor e ódio surgem. Spinoza define o amor como uma "alegria com a ideia associada de uma causa externa" e o ódio como "uma tristeza com a ideia associada de uma causa externa" (sendo a tristeza definida como uma diminuição das potências da existência envolta na intensidade e interpretada, no presente ensaio, como parte do mesmo contínuo que a alegria, em vez de ser o seu oposto; Spinoza, 1985, 3, p. 13, escólio 502). É também nessa base que ocorre a ligação entre a solidariedade dos bons amigos de Hume, com sua semelhança, familiaridade e contiguidade. A interiorização do acontecimento afetivo coincide com a transição do imediatamente vivido-sentido-pensado para o pensado refletidamente. Um potencial é vivenciado de forma revigorante. É não consciente. Uma possibilidade, de sua parte, pode ser cogitada conscientemente. Amor e ódio fazem surgir uma infinidade de ruminações: cenários de conquistas e vingança, os estratagemas pelos quais elas podem ser obtidas. Obtidas – como satisfações. Também é aqui que a dualidade hedonista entre prazer e dor tem início, de forma que começa a estruturar uma vida no que quase inevitavelmente segue as linhas convencionais – com muita frequência linhas vergonhosamente clichê – devido a um *priming* incansável dedicado apenas a esse fim. Amor

15. Sobre o outro como mundo possível, ver Deleuze (1990, p. 308-9).

e ódio são *emoções* que correspondem à interiorização do acontecimento afetivo como um conteúdo subjetivo hedonista maleável à formatação convencional. Assim como todas as emoções, essa contenção da intensidade afetiva nunca está completa. Todas as emoções carregam um resquício da intensidade, à qual elas devem sua vivacidade – bem como sua etimologia ("comover": sair de si próprio, como na expressão "não caber em si"). Existe uma quantidade de alegria até mesmo no ódio. A intensidade atravessa a dualidade hedonista, em um caminho transversal próprio.

Assim, em uma direção, o sentido do signo envolto no outro é uma paisagem de potencial que tende a ser traduzida em um mundo possível. Envolto no surgimento do signo, incluído mutuamente no potencial que ativa, existe um mundo de emoção subjetiva na chave da possibilidade.

Isso aponta para uma segunda direção, para a segunda apreensão do outro como signo de paixão: a possibilidade aponta para o futuro. A apreensão do signo me prepara afetivamente para o desdobramento durante o qual as paixões serão produzidas, as tendências entrarão em conflito e as ações serão iniciadas. Tudo isso ocorre num instante, de forma não consciente, em abdução e juízo perceptivo, na sensibilidade cruzada infra-trans, por meio do que Simondon chama de uma "comunicação dos inconscientes" não mediada (Simondon, 2005, p. 249). A transcomunicação está correlacionada à minha dividualidade afetiva – minha "pré-individualidade" no vocabulário de Simondon – com a do outro. Nossas pré-individualidades participam de modo diferenciado do mesmo acontecimento, como polaridades imediatamente ligadas que definem sua apreensão. Envolta nessa correlação transindividual entre as pré-individualidades está a tradução do potencial ativado no acontecimento para a possibilidade cogitativa. A bifurcação da afecção para a emoção, da alegria para o amor, da intensidade intermediária para o conteúdo subjetivo, e da abdução e do juízo perceptual para a ruminação reflexiva está incluída no pacote de ondas afetivas da prontidão potencial do acontecimento, na semente tendencial. O futuro pode se desdobrar de acordo com qualquer um dos dois caminhos – o afeto ou a emoção – ou pode até seguir ambos, em caminhos paralelos. Simondon fala de "afetivo-emotivo" para englobar a junção dessa bifurcação (Simondon, 2005, p. 247). A partir dessa perspectiva, em qualquer um dos caminhos ou nos dois, o signo do outro é *um signo da minha relação com meu próprio futuro*. É por isso que a apreensão do outro como um signo de paixão é duplo: a mudança que o acontecimento traz para a minha vida está tanto na relação imediata da relação-movente, irredutivelmente infra-trans, quanto em minha própria autorrelação afetivo-emotiva. *Minha infra-trans relação com o outro É a minha relação comigo mesmo*, sob dois aspectos diferentes, que ocorrem juntos, nas duas chaves contrastantes da polifonia da vida: potenciação e possibilização.[16]

Quando falamos de uma política do afeto, ou uma política de dividualismo contra o individualismo neoliberal, estamos falando em relacionar o acontecimento com seu potencial, até onde for possível. Estamos falando de criar uma prática abdutora de juízo perceptual, trazendo à tona o outro como signo da paixão de formas que tendem a se bifurcar, com menos facilidade, em emoções convencionalizadas e nas regras gerais do comportamento social que elas facilitam, baseadas em semelhança/familiaridade/contiguidade, e ligadas à oposição hedonista entre prazer e dor. Estamos falando da intensidade da relação-movente. Estamos falando de alegria. Estamos falando de paixão como um ontopoder preparado para um devir de caminho aberto, que foge das trilhas já percorridas do convencional estabelecido. Estamos falando do potencial feral de simpatia, liberto da dominação do interesse próprio e do objetivo exclusivo da satisfação pessoal. Estamos falando da vida, vivificada, com uma carga completa de sensibilidades cruzadas infra-trans. Estamos falando do objetivo da vida

---

16. Sobre a relação entre o pré-individual e o transindividual, ver Simondon, 2005, p. 247-55; e Combes, 2013, p. 35. Sobre potencial e possibilidade, ver Massumi, 2002, p. 9.

para a intensidade, para a produção de mais-valias qualitativas de experiência. Estamos falando de relações com o outro que são imediatamente autorrelações com o futuro. Estamos falando sobre recuperar o futuro para o potencial coletivo.

Sem esquecer que o capital em si é definido na relação com o futuro. O capital não é uma quantia mensurável de dinheiro. É um aumento quantitativo potencial no futuro de uma quantia de dinheiro. Esse aumento potencial é a mais-valia. A mais-valia se "realiza" no lucro obtido (em vez de ser reaplicado como capital de investimento). O lucro, claro, é quantificável. Embora a mais-valia em si não seja quantificável, ela se torna quantificável na forma de lucro. O capitalismo é a captura do futuro para a produção da mais-valia quantificável. *O capitalismo é o processo de converter mais-valia qualificável de vida em mais-valia quantificável.*

Até onde nossas vidas se tornam dedicadas a essa conversão, nossos futuros são capturados pelo processo capitalista. Somos coagidos a viver como capital humano, sujeitos de interesse dedicados ao objetivo de obter prazer em vez de sentir dor – e sofrer, como resultado, os paradoxos do interesse próprio. Como sujeitados a esses paradoxos, somos infernalmente queimados pela alternativa entre a gratificação instantânea e o adiamento da satisfação. Dada toda a incerteza associada a esses paradoxos, somos obrigados a usar a nossa intuição para fazer as escolhas – mas de forma a obter o mesmo resultado que um cálculo racional obteria, sabendo muito bem que isso é impossível para nós, criaturas do duplo involuntário do campo neoliberal da relação, que devimos no ritmo do seu processo oscilatório, expostos afetivamente ao vaivém do todo não especificado do mundo. Isso nos deprime. A ponto de alguns terem transformado a depressão no emblema do nosso momento (Berardi, 2011). Se já não estivéssemos deprimidos, a ideia da depressão como sinal dos tempos seria em si suficiente para deixar qualquer um deprimido.[17]

---

17. Para uma crítica desse efeito desempoderador da análise de Berardi da cultura capitalista contemporânea e uma visão alternativa da depressão, ver Manning (2013b).

Os defensores da capitalização humana da vida respondem com... "economia da felicidade". A economia da felicidade lida com o paradoxo do interesse próprio produzido pela tensão entre o imperativo "racional" de adiar a satisfação para maximizar o capital humano no longo prazo, e a necessidade momento-a--momento de agir agora, com medo e incerteza, em pleno campo neoliberal das condições nada equilibradas da relação. O paradoxo é que a tensão entre os dois pode facilmente levar a unidade de capital humano jogar suas mãos visíveis para o alto e dizer: por que não pegar o que posso enquanto posso? A gratificação instantânea é melhor que trabalhar a vida toda por uma aposentadoria que sofrerá os descontos da "austeridade" antes que eu possa recebê-la. É sempre possível contar com a falência – e começar o processo de novo. Em nossos tempos capitalistas, sujeito de interesse não é meramente um nome educado para o sujeito de dívida? (Lazzarato, 2012.) Ou em uma observação menos insensível: vou me concentrar na qualidade de vida, investir meu tempo na família e nos filhos, na arte, nos esportes ou passatempos, os tipos de coisas que considero um valor em si, e correr o risco de ser pego em seguida – o que, lembrando que o sujeito de interesse na verdade é o sujeito endividado, é provável que aconteça de todo jeito se eu fizer um cálculo "racional".

A economia da felicidade responde a isso afirmando ter descoberto "a equação da felicidade" (Powdthavee, 2011, p. 11). A equação da felicidade é um método para fixar um preço monetário nos intangíveis da experiência da qual obtemos satisfação. Em geral, esses são modos de relação dos quais consideramos que nossa vida depende, e definem "quem somos" mais do que o nosso trabalho. A amizade e a camaradagem, o amor, a parceria de uma vida e a saúde pessoal estão no topo da lista. Se a economia conseguir quantificar esses valores relacionais, ela terá conseguido converter não só o cidadão em um sujeito de interesse efetivamente abastecido pela satisfação, mas também a mais-valia qualitativa de vida em uma mais-valia quantitativa. Ela terá concluído a monetização da existência que é o projeto do capital humano. A afetividade terá finalmente sido incluída no cálculo racional. Infelizmente para esses profetas modernos do neoliberalismo, fora da economia e apesar de seus torcedores da moda, poucos acreditam nessa "equação", como são também poucos os que acreditam que a teoria da escolha racional é bem fundamentada.

O trabalho da economia da felicidade se torna ainda mais difícil pelo fato paradoxal de que pesquisas revelaram de forma consistente que os níveis de felicidade e satisfação na vida aumentam quando a renda e o padrão de vida estão acima da linha da pobreza – mas estacionam e começam a cair além de um status socioeconômico de classe média relativamente confortável (ver, por exemplo, Potro e Rustichini, 2013). Essa estranha anomalia do "índice da felicidade" tem até nome: o paradoxo de Easterlin. Não é somente que o dinheiro não necessariamente traga felicidade – existe a garantia estatística de trazer *menos* felicidade quanto mais você tem. O efeito rebote no nível dividual é o fato associado de que o *priming* não consciente com imagens de dinheiro torna a experiência resultante menos satisfatória (Quoidbach et al., 2010). Isso ocorre até com o chocolate, a famigerada dose de energia dos grupos deprimidos de capital humano. O prazer calmante de consumir chocolate e o sabor do dinheiro não combinam.

Por que não permitir que as mais-valias de vida que são vividas por seu próprio valor permaneçam o que são essencialmente, como corroborado pela intuição de quase qualquer pessoa: não quantificáveis? *Por que não uma política de intensidade, em vez de uma economia da felicidade?* Trilhar esse caminho não neoliberal significaria refinar e amplificar as tendências que intuitivamente entendem uma à outra como um signo de paixão, e a relação com o outro que é imediatamente uma relação consigo como uma ativação do potencial coletivo. Significaria também inventar novas tendências que possibilitem que as sensibilidades infra-trans atravessadas se estabeleçam em caminhos de ação passíveis de serem frequentados no mundo, como alternativa às opções infernais do capitalismo. Essa política teria menos a ver com a macropolítica dos programas partidários ou com críticas e resistência baseadas em ideologia do que com as práticas afetivas afirmativas do *priming* e do condicionamento do acontecimento. Ela não seria conduzida em nome do interesse próprio de qualquer indivíduo, nem mesmo em nome do interesse do grupo baseado em semelhança/familiaridade/contiguidade. Residiria nas afecções coletivas-intensivas do todo não especificado do campo relacional, oscilando na direção de um mundo possível de sua própria invenção abdutora, além do capitalismo neoliberal. Em seu poder de contágio afetivo, sempre em favor de um sempre-mais qualitativo de vida.

> Qualquer ato humano conquistado no nível da transindividualidade é dotado de um poder indefinido de propagação que lhe confere uma imortalidade virtual. (Simondon, 2005, 249)

Uma liberdade do acontecimento

Existem indícios desse potencial para devires sem interesse próprio em uma das figuras mais abjetas da cultura capitalista atual: o "herói comum". O herói comum foi totalmente resgatado na retórica política baseada em semelhança/familiaridade/contiguidade. Os heróis comuns despertam o orgulho do país e da comunidade. Qualquer um pode se tornar um herói. Podem ser como eu. Pode até haver um morando na casa ao lado. Estamos todos cobertos por seu brilho passivo. Seu sacrifício pessoal nos eleva. Eles alcançam a imortalidade. (A prova disso é que as celebrações devotadas de seu martírio nunca terminam.) Sentimos que nossas próprias vidas ganharam um sentido. Ela vale a pena viver porque pertencemos ao mesmo tipo de pessoas. Ao tipo comum:

apenas humano. Ou seria ao tipo estadunidense? Ou ao tipo "socorrista"? Ou ainda ao tipo que nasceu neste bairro? A todos – numa confusão satisfatória de níveis estruturais.

Claro, a imortalidade é meramente simbólica, e não "virtual" (em um contágio de prontidão potencial que passa pela transição entre acontecimentos). Ademais, a satisfação a ser desfrutada na confusão dos níveis macro traz energia para uma política que facilmente se estabelece em uma defesa de interesses próprios de grupos considerados sob ataque. A criação do herói comum é uma parte funcional da política do "terror". Ele tem seus próprios poderes de propagação afetiva, centrados na lógica operativa da preempção (Massumi, 2007). Os heróis comuns ajudam a implantar no campo relacional uma política afetiva transmitida pela mídia que faz uma conversão em massa da intensidade em emoção, num registro politicamente útil do medo, em oposição oscilatória à emoção contrastante. Essa emoção contrastante não é a confiança, e sim a emoção política e economicamente útil da "confiança" convicta (Massumi, 2005). Quem consegue esquecer as primeiras reações das figuras públicas mais proeminentes da época aos ataques do 11 de setembro: 1) continuem consumindo por amor à pátria![18] e 2) odeiem os terroristas estrangeiros de pele escura e tenham fé, porque vamos atacar preventivamente! Não percam a confiança! Essa política afetiva fortalece as tendências bélicas ao neoconservadorismo, num abraço processual apertado da economia neoliberal (Massumi, 2009a).

E, no entanto, o herói comum "escolheu" sentir algo que é normalmente impensável. E o fez no calor do momento de um acontecimento, colocado instantaneamente em ação pelo signo

18. Rudolph Giuliani, prefeito de Nova York, imediatamente após o 11 de setembro: "Demonstrem sua confiança. Mostrem que vocês não têm medo. Vão a restaurantes. Vão às compras" (Murdock, 2001). O presidente Bush repetiu o refrão. Na coletiva de imprensa de fim de ano, ele retomou sem hesitar uma conversa motivacional sobre a importância de manter o crescimento econômico como parte do esforço nacional: "Encorajo todos vocês a fazerem mais compras" (Bush, 2006).

da afecção ameaçadora do outro. Indivíduos heroicos são invariavelmente retratados como seres que não fizeram uma escolha consciente. Entram correndo sem pensar num prédio em chamas, sem parar para ponderar nem por um milissegundo. Eles se abduzem e arriscam a própria vida, capturados pela intensidade de um acontecimento maior que sua vida pequena. A transição do signo (nesse caso, o índice) relativo à afecção do outro para uma questão decisiva de ação é obtida quase instantaneamente. A entrada "heroica" no fluxo do acontecimento se dá tão rapidamente que o aparecimento do signo, seu registro em uma impressão incitando uma afecção que produz uma paixão que aciona uma tendência de início de ação – tudo isso quase nem é registrado. Ou melhor, registra uma ação nua, nos recessos dividuais de uma vida que logo se tornará heroica (em outras palavras, uma morte altruísta). Uma decisão não consciente foi tomada. O herói foi infratrans-formado em ação. A escolha foi feita por meio dele – pelo acontecimento relacional. Aqueles que sobrevivem quase invariavelmente a descrevem desta forma: eu apenas corri na direção dos destroços, sem pensar se eu deveria fazer isso ou não, apenas vi a imagem dos outros à beira do desastre, suas vidas prestes a ser incineradas e o coração arrancado de seus entes queridos. Um mundo de possibilidades prestes a se transformar em fumaça. Tanto potencial prestes a ser enterrado pelos escombros. Que escolha eu tinha? Em outras palavras: "eu" não fiz nada – foi a simpatia que fez. Fui apenas um veículo volitivo, alimentado pelo outro como um signo de paixão.

O herói comum é movido pela relação de simpatia como uma força motivadora, no equivalente funcional da volição. Ele não o fez – o acontecimento o fez, na realização da dupla tensão simpática da relação-com-o-outro-que-é-uma-relação-consigo que se funde com sua ocorrência. Apenas *aconteceu*.

Sim, esses heróis comuns são iguais a mim ou a você. Antes do acontecimento, não há nada de extraordinário na sua natureza que os separe de nós pela natureza do acontecimento. Sua distinção é ter agido no calor do acontecimento com base na intuição, sem um momento de hesitação. Foi o acontecimento que os tornou extraordinários. Eles só podem alegar terem sido cobertos pelo brilho da sua natureza excepcional. Estão envoltos pelo brilho porque *se entregaram* ao acontecimento. Abriram a vida para o acontecimento, tanto que o que aconteceria com eles, quem se tornariam no fim, coincidiu com seus "interesses": a liberdade de se realizarem no desdobramento do acontecimento.

Se de fato são apenas pessoas comuns tornadas extraordinárias pela circunstância, então todos temos em nós o potencial para fazer o mesmo. Todos devemos estar suscetíveis à tendência, em um grau ou outro. Todos temos a capacidade – nos recessos mais profundos de nossa dividualidade – de nos entregar ao acontecimento. "Escolher", por meio da autonomia da decisão que se decide através de nós, para que o potencial da nossa vida coincida com a liberdade de um acontecimento, contra nossa própria escolha refletida, além dos nossos próprios interesses. Não é intenso?

Claro, também temos em nós a tendência contrastante da autopreservação e a busca autointeressada por felicidade, garantida aos cidadãos estadunidenses pela Constituição. Mas existe outra constituição: a da atividade nua. Essa constituição não é apenas poderosa institucionalmente. É ontopoderosa. No ponto extremo do sujeito de interesse, as duas tendências, para coincidir com a liberdade de um acontecimento e afirmar nossa liberdade pessoal como sujeitos de interesse, lutam entre si, incluídas mutuamente nas superposições da atividade nua. Quando as condições do acontecimento permitem que a tendência do interesse próprio resulte do arrebatamento da atividade nua, os acordos sociais convencionais voltam aos seus lugares e os caminhos de ação que forem seguidos substituem os resultados de um cálculo "racional". No fato afetivo, como já vimos diversas vezes nessa exploração dos paradoxos do interesse próprio, ainda foi o acontecimento que decidiu, por meio de uma autonomia de decisão, emergindo do duplo involuntário da complexidade oscilatória do campo da relação. O egoísmo é uma conquista da tendência neoliberal do campo relacional. Quando essa tendência aparece no topo, correspondemos à vocação sistemicamente desejada como o capital humano que foi, pressuposicionalmente, implantado na economia, e é continuamente repreparado. Quando a tendência contrária aparece no topo, participamos do ontopoder altereconômico – mesmo que nossa ação seja recuperada no instante seguinte pelo abraço processual neoconservador com a economia capitalista. Por um breve momento que passou mais rápido que o menor intervalo imaginável, vivemos uma afecção contrapoderosa.

Isso ocorreu numa sensibilidade cruzada colocada em ação por um acontecimento cuja escala é ínfima em relação à escala humana. Longe de mobilizar nosso "sentimento natural", a decisão do acontecimento foi nada menos que monstruosa. Mesmo que o cenário não seja fisicamente tão fora de escala quanto as torres do World Trade Center, mesmo assim teria sido excessivo. O seu sentido ainda não está em sintonia com a escala humana das decisões cotidianas que passam pela nossa vida cotidiana: é algo humanamente impensável de sentir e humanamente insensível de pensar. Pode-se dizer que é sublime, se essa for sua inclinação filosófica. Pode-se dizer também que é maravilhado – num sentido paradoxal, como quando se cai na toca do coelho. Ou, talvez, apenas peculiar.

Em todo caso, o que acontece emerge do "extremo regressivo" do humano: aquela "alteridade interior" no nosso extremo de simpatia (Lapoujade, 2010, p. 68). Surgiu de algo não pessoal agitando no extremo íntimo do campo relacional, no limite do capital humano em que todos estamos agora – ou seja, que todos somos, à medida que somos humanos e cativos do paradoxo de nossos "sentimentos naturais". À medida que uma liberdade-do-acontecimento ocorre por meio de nós, vivemos um contrapoder: uma participação contra a natureza. A tendência nessa direção é tão parte da nossa natureza quanto qualquer outra. Vai além do aceitável da "nossa" natureza. É uma expressão da parte não humana de nós, na contramão das nossas inclinações, que dá início à ação. É simplesmente a "natureza", sem nenhum possessivo –

autopossuída. É a natureza definida como a reserva da atividade nua do potencial acionável no mundo (Massumi, 2009a), levando a devires excessivos expressivos de uma autonomia de decisão. Basicamente, a natureza é a tendência do mundo de se tornar feral de novo. Retórica patriota oportuna à parte, o herói comum, visto do ângulo do divíduo em sua sensibilidade cruzada transindividual, é uma expressão do não humano e do não pessoal em nós. Se o "heroísmo" é uma virtude, trata-se de uma *virtude não pessoal e não humana do acontecimento relacional*. Não importa como for recuperado, é um signo do potencial das transformações ferais, realizadas através de mim, se agitando no extremo mais íntimo do campo relacional da vida.

É um tanto *kitsch* chamar de "heroísmo" a virtude não humana de autodecisão do acontecimento relacional, especialmente quando essa mesma tendência pode assumir inúmeras expressões menores, de modo a passar quase despercebida. Por exemplo, em qualquer lugar onde um ato gratuito de generosidade, gentileza ou conexão feral emerge, sem que o veículo pelo qual ele se movimenta pare para pensar, um miniacontecimento se decide de modo simpático, cortando modestamente o fluxo da vida cotidiana. Acontecimentos "comuns" podem expressar a liberdade do acontecimento tanto quanto os acontecimentos do "herói comum", mas avançando com pouco ou nenhum alarde. Retórica humanista oportuna à parte, esses acontecimentos também são, da mesma forma, expressões do não humano em nós.

A liberdade do acontecimento ocorre em todos os tamanhos e em graus variados de vivacidade ou força afetiva. A variedade é tão infinita quanto a do afeto da vitalidade. Não importa o quanto o respingo seja pequeno, o quanto seja efêmero ou evanescente, a intensidade vital ainda ultrapassa a dos maiores gestos de interesse próprio. Da mesma forma, aliás, até a do mais celebrado ato de altruísmo já realizado com o objetivo, consciente ou não, de obter a satisfação da aprovação dos demais, ou de obter a imortalidade simbólica. Esses gestos observam as convenções baseadas na semelhança/familiaridade/contiguidade que constituem o humano. São, efetivamente, se não de fato, "calculados de modo racional".

Em especial, isso exclui da política de solidariedade subentendida por essa análise a caridade e o espírito filantrópico. Sinto muito, Bill Gates: no fim das contas, você faz parte do insosso humano.

O estopim da solidariedade

Claro, é dentro do acontecimento excepcional que a política afetiva do contágio intensivo é mais palpável e vigorosa. É da natureza da simpatia como uma força qualitativa que ela possa agir instantaneamente à distância, nas asas de um signo. Não precisa exercer uma força mensurável, e não se inclina ao cálculo racional de começar no ponto A e perambular até o ponto B de forma linear e ordenada. A afecção do signo de paixão é acionada, em toda a imediatez, a qualquer distância: é o *estopim* de um acontecimento.

"O acontecimento mais distante que ocorre do outro lado do mundo pode afetar meu interesse, e não há nada que eu possa fazer sobre isso." De forma mais radical, o menor signo de paixão que brilha à distância pode afetar a minha intensidade vital – e há muitas coisas que o acontecimento autodecisivo da simpatia pode fazer com isso.

A distância não precisa ser geográfica. Pode ser entre as categorias convencionais de pertencimento – idade, classe, gênero, religião, espécie –, separadas uma da outra por um golfo social aprofundando as lacunas da distância periférica em proximidade. A comunicação da afecção no seio do acontecimento solidário é, por natureza transindividual, *não local*. Pode reverberar pelo campo relacional mais rápido que a velocidade do cálculo consciente. É um contágio duplamente involuntário tanto quanto um espirro ou uma gargalhada maníaca. Pode pular os intermediários causais e surgir em outro lugar, num piscar de olhos. Ou seu efeito pode ser suspenso porque os signos são arquivados. Essa suspensão não é como um adiamento. O acontecimento está suspenso no potencial de prontidão do signo – o equivalente semiótico da atividade nua. Não é uma mediação. É um arquivamento do imediatismo afetivo. O tempo do efeito verdadeiro do acontecimento afetivo não é mais linear no tempo que sua relação-movimento no espaço. Só responde ao seu próprio ritmo, que emerge como um efeito do campo todo a partir da maneira como o campo relacional foi preparado e condicionado. O acontecimento afetivo não é específico do local. É específico de todo o campo relacional. Não se fixa a um local particular – ainda que aconteça de fato. Tampouco pode ser apontado no tempo real – apesar de a emissão do seu signo desencadeador ser tão pontual quanto o alarme de um relógio. Sua pontualidade é a de um estopim: uma explosão, uma amplificação instantânea, emitindo sucessivas ondas de impulsos, de modo que cria seu próprio tempo e não se apressa. O acontecimento da simpatia ocorre numa dimensão diferente do tempo e do espaço métrico: o tempo pulsado da atividade nua, se agitando e revirando com o potencial de prontidão não linear.

O condicionamento do acontecimento, apesar de ser um pré-requisito para sua ocorrência, não é sua causa. Os acontecimentos de complexidade não respondem ao determinismo causal. A complexidade do campo oscilatório abre o campo para surgimentos oportunos. Mas isso não é tudo. A indecidibilidade que surge desses efeitos de complexidade emergentes é aumentada pela espontaneidade da intuição: o pensar-sentir abdutivo, ao fazer o corte, deságua o acontecimento.[19]

Como vimos antes, a abdução pode levar à invenção de novos caminhos de ação. A inventividade já está no cerne afetivo da gênese da percepção, que, como vimos em Hume, envolve a produção de paixões e tendências, e, a partir delas, mais de ambas,

---

19. Sobre a diferença entre a espontaneidade de um lado e o acaso, a oportunidade e a contingência do outro, ver Massumi, 2014, p. 48-9, p. 110, n. 59.

numa cascata de cortes decisivos e transições contínuas. O surgimento é uma coisa. A invenção é outra. Uma pega carona na outra. Juntas, são duplamente ontopoderosas. Não existe uma distinção nítida entre elas. Mas há uma diferença de grau. A invenção traz uma carga mais forte de volição passional. Seu impulso é abastecido e reabastecido pelas pulsões de paixão que conduzem o acontecimento pelas transições por meio das quais sua força qualitativa muda afetivamente e evolui qualitativamente. A invenção é o acontecimento decidindo por si mesmo devir. *É o que o acontecimento deseja*, quando força sua própria mudança.

Estopim, 2011: uma autoimoloção na Tunísia incita um protesto apaixonado.

A afecção dá um salto, atravessa uma distância geográfica e um intervalo suspensivo da atividade nua, para o Egito. O protesto apaixonado reacende na praça Tahrir. De lá, reverbera pelo globo. A permutação do acontecimento surge novamente no outro lado do globo, pegando carona nos signos da mídia. Ocorre o movimento Occupy Wall Street, criando para si mesmo um tempo político anômalo: um tempo lento para coabitar no espaço público de outra forma; uma explosão de potencial em câmera lenta. Próxima parada norte-americana: Montreal. Sem nenhum aviso prévio, um movimento estudantil se torna a maior greve estudantil da história do Canadá e, sem parar por aí, expande para uma repotencialização de movimentos sociais baseados em comunidades que antes estavam em declínio, se não mesmo moribundos (Barney et al., 2012). Não havia nenhuma conexão causal específica de um acontecimento na série para o próximo, mas havia uma ligação não local que era imediata e inequivocamente pensada-sentida. Os acontecimentos estavam afetivamente entrelaçados a distância, um se tornando o signo-estopim para o próximo, todos ressoando juntos em seu pertencimento, diferentes em cada caso, à mesma série.

O contágio dos acontecimentos não produziu o espalhamento de um formato semelhante. Ao contrário, o que se propagou foram diferenças. Cada acontecimento, além de ser alimentado pelo golpe afetivo dos signos de paixão do outro, em um movimento de trans-formação de si mesmo a distância, também foi infra-alimentado por um acontecimento ocorrendo imanentemente a um campo relacional mais restrito: cocondicionamento infra-trans. Para cada nova ocorrência na série, houve o que Simondon chama de "formas germinais". São afecções que ocorrem de forma imanente a um campo relacional que já conta com certa consistência, incluindo uma textura de pertencimento convencional (por exemplo, em termos nacionais, religiosos e partidários). Todos os campos de relação assentes em texturas de semelhança/familiaridade/contiguidade estão cheios de tensões estruturais internas. A afecção germinal é um acontecimento pequeno que arremessa o campo relacional para uma oscilação nada equilibrada, exacerbando as tensões e exigindo uma resolução que se conforma com alguma das soluções já encontradas, oferecidas por eleitorados específicos que compartilham o campo. O acontecimento de afecção germinal lança o campo relacional na direção de um ponto crítico, onde ele deve se fragmentar numa briga entre eleitorados por território ou, como um fluxo completo não específico, atravessar o limiar em direção a um novo eleitorado. A passagem pela fronteira ocorre por *feedback* (devolutiva) ou *feedforward* (antecipação) dividual-transindividual. Nenhuma causa pode ser isolada. O acontecimento da afecção germinal é catalítico (dadas as condições), não causalmente determinante. O efeito produzido não pode ser previsto: ele precisa ser inventado.

O grito de guerra é sempre "liberdade". A liberdade, como vimos anteriormente, não está assegurada por direito, não é consumida como um bem, não é escolhida como uma opção: ela é o que é inventado. A amplificação do acontecimento de afecção germinal em uma crise – uma oscilação de campo no seu todo pronta para atravessar o limiar até uma nova consistência – faz com que o campo relacional seja intensamente problemático. Com urgência, reapresenta o problema da liberdade, exigindo a invenção de uma nova solução: um novo modo de liberdade. A solução só pode vir de uma dramatização fabulatória das tendências acionadas pelo surgimento do signo da afecção do outro. Na súbita incerteza do campo, essas tendências têm muitos tipos – incluindo contratendências que se reenergizam, ou se inventam apaixonadamente de imediato, numa *transição no local* instantânea. Se uma contratendência assume a ascendência, uma mudança de regime e até uma revolução podem ocorrer. O que começou como um microacontecimento germinal já se ampliou e se tornou a mudança macropolítica mais abrangente imaginável.

Quando isso acontece, quem decidiu? Os militantes políticos que há tempos exigem uma mudança de regime ou a revolução, seguindo sua própria plataforma ideológica, são pegos desprevenidos e relegados a correr atrás do prejuízo. Se tiverem sucesso, é exatamente isso que fazem com o potencial liberado: captá-lo, capturá-lo. Não são eles que causam a revolução. Revoluções são catalíticas, cocondicionadas de forma complexa e significativa na oscilação dividual-transindividual. São as ações programáticas dos militantes que invariavelmente *traem* a revolução – pela simples razão de que, não importa quão inclusiva seja sua ideologia, na comoção afetiva do acontecimento, com sua sobrecarga de tendências contrastantes, no fim das contas tais ações se resumem a apenas um dos grupos constituintes. Eles mesmos logo se tornam veículos de produção e defesa das solidariedades baseadas em semelhanças/familiaridades/contiguidade, restabelecendo efetivamente limites e padrões de exclusão. Toda revolução é traída. O potencial explosivo liberado segue seu rumo e é capturado e recontido, se não por seus partidários, por seus oponentes, e, se não por seus oponentes, por um novo grupo que o acontecimento em si inventou. O adornar do acontecimento por parte de um novo grupo constituinte pós-revolução, que trai a força da revolução, é tipicamente auxiliado pela figura histórica do militante, hoje seguramente morta e ultrapassada.

Esse não é um argumento contra a revolução. É um lembrete de que os acontecimentos afetivos de mudança têm um ciclo de vida. Eles surgem e se enfraquecem. Vivem, em uma onda de mais-valia de vida que eles mesmos produzem. E morrem. É um lembrete de que isso deve ser considerado desde o início. Não é apenas o início do acontecimento que precisa ser condicionado, mas também sua passagem. O que ocorre de forma germinal modula o que vem depois. Os movimentos de orientação anarquista sempre, e de forma correta, repreenderam os marxistas e outros movimentos de vanguarda por se esquecerem disso, em sua fé inoportuna de que as exclusões e hierarquias da velha ordem vão simplesmente "desvanecer" com o Estado capitalista. A história do século xx deveria ter nos ensinado que, se as condições germinais não tendem a combater isso, as exclusões e hierarquias podem voltar de uma forma ainda mais virulenta (como foi o caso do "socialismo de fato existente", ou o capitalismo industrial centralizado de Estado da União Soviética). O lema anarquista de que o modo de atividade revolucionária deve "prefigurar" a futura sociedade não é um idealismo infantil. É o grito afetivo do realismo revolucionário.

O realismo revolucionário é um reconhecimento ativo de que, quando os acontecimentos afetivos de mudança morrem, são enterrados depois de atingir um nível de transindividualidade. O contágio transindividual, parafraseando Simondon, dota o acontecimento de uma imortalidade virtual. O potencial liberado continua em reserva, como o que Whitehead chamaria de um "objeto eterno complexo": o potencial puro para a inclusão mútua de uma diversidade de contrastes, menos as condições exigidas para seu retorno determinado (Whitehead, 1978, p. 271). Depois de um intervalo de suspensão, é certo que o potencial é reativado, talvez num local de atividade distante, no tempo de atividade de criação do próximo acontecimento. Ou seja: se as condições forem dadas novamente. A transmissão da dádiva das condições de mudança deve ser abdutivamente construída nos movimentos que conduzem ao acontecimento. Uma revolução acaba se traindo apenas se se provar menos valiosa depois da sua morte do que era quando aconteceu.

Definir as condições para o acontecimento de forma que já seja uma reapresentação delas além do acontecimento não é uma prerrogativa do militante. É o problema do ativista. As condições passam pela atividade nua. Apenas a atividade age na atividade, assim como o movimento só emerge do movimento, e o afeto, do afeto. A liberdade é uma ação sobre ação. O ativismo é um signo-ação catalítico das atividades que se agitam tendencialmente sobre o todo não especificado do campo tensional. O militante doutrina e incute; o ativista modula e induz. O militante cons-cientiza e pune a recalcitrância; o ativista busca catalisar o que Simondon chamou de "comunicação de inconscientes" (no voca-bulário utilizado neste livro, dividualidades ou não consciências afetivas, simpatia). O militante atua por meio do juízo cognitivo; o ativista ajusta o modo afetivo de juízo perceptual. O militante pula o problema-obstáculo para conclusões "racionalmente" cal-culadas; o ativista faz as abduções pegarem no tranco. O militante luta para substituir o interesse próprio por interesses de classe; o ativista vai além dos interesses de forma relacional.

Alguns dos acontecimentos de 2011 atravessaram o limiar para a revolução, ou pelo menos para a mudança de regime, como no caso da Tunísia e do Egito. Ambas as transições foram traídas, a invenção embrionária da liberdade abortada pela recaptura. O li-miar macropolítico de mudança do campo no seu todo não foi atingido no caso do Occupy Wall Street, apesar do fato de ter indu-zido sua própria propagação por meio da série de acontecimentos Occupy de todos os tipos. Nada disso ocorreu no caso do "Maple Spring" no Quebec (embora uma mudança de regime eleitoral tenha se concretizado). Mas esses movimentos não são menos "imortais" por causa desses "fracassos". Eles continuam sendo bem-sucedidos no nível "micropolítico", ou no nível do contágio do acontecimento afetivo (Massumi, 2009b). O micropolítico não é mais mutuamente excludente do macropolítico do que a afetividade em relação à racionalidade. É uma questão de modos de atividade que coocorrem, constituindo dimensões de acontecimento entrelaçadas. O movimento estudantil de Quebec de dezembro de 2011, diferentemente do Occupy Wall Street, tinha um objetivo macropolítico específico: bloquear um aumento no custo das mensalidades que já tinha sido anunciado. Esse objetivo foi conquistado quando o governo foi forçado a promover eleições em decorrência da instabilidade e perdeu. No entanto o movimento tinha um impulso micropolítico além desse objetivo macropolítico: não só o congelamento das mensalidades, mas também a educação gratuita, e chegando mais longe, rumo ao fim da neoliberalização da universidade. O impulso avançou, no caso da maior e mais radical associação estudantil, até se transformar em um manifesto explicitamente anticapitalista que surgiu antes da eleição, em uma tentativa explícita de evitar o movimento de recaptura da representatividade macropolítica. É da natureza dos movimentos micropolíticos de acontecimentos afetivos declarar objetivos macropolíticos e *excedê-los*. É esse excesso sobre a macropolítica que gera a intensidade dos movimentos macropolíticos, e é em sua intensidade que está seu poder (seu ontopoder). O movimento recuou depois da vitória eleitoral – o que resultou em pouco mais do que uma mudança nos rostos que apresentavam essencialmente as mesmas políticas fundamentalmente neoliberais, com algumas diferenças estratégicas. Assim, o movimento morreu por causa de seu próprio sucesso. Fracassar não é a única maneira de fracassar.

"Micro-" não é o termo correto. O conceito tem pouco a ver com a escala, e tudo a ver com sensibilidades atravessadoras de escalas e contágio relacional. Todos os acontecimentos de dezembro de 2011 foram sucessos micropolíticos apesar de suas falhas macropolíticas, na medida em que liberaram uma carga de potencial que continua a permear o campo relacional, em pronta reserva para atravessar para novos locais de ocorrência e momento de criação, dadas as condições. Eles mantiveram um algo mais da vida, uma mais-valia de vida, em reserva. Liberaram uma quantidade de "imortalidade" de acontecimento afetivo. O Occupy Wall Street, por exemplo, reativou uma tendência reinventada de "direcionar a democracia". Inventou uma nova figura coletiva da liberdade: a retomada da praça pública (e não da esfera pública) para uma coabitação diretamente encarnada (e não um discurso mediado); o modelo da assembleia aberta de participação indefinidamente inclusiva do campo todo; práticas que favorecem o modelo de contágio comunicativo, como no exemplo do "megafone humano"; a recusa em designar um subconjunto de liderança que fragmentaria o campo relacional e reproduziria as estruturas familiares de hierarquia; a recusa da representação em favor do discurso imediatamente afetivo e efetivo (discurso performativo, ou o uso do signo linguístico como um desencadeador de acontecimento afetivo) e como parte da recusa da representação, uma relutância em enumerar uma plataforma de demandas que tornaria o movimento passível de inserção nas estruturas macropolíticas existentes de resolução de conflitos e negociação. Essa é uma invenção formidável, sem dúvida com muitas pós-vidas por vir. E com muitas pré-vidas, na série de acontecimentos anarquistas e autonomistas.

"Dadas as condições": é de suma importância lembrar que as condições *incluem a singularidade*. O gatilho do acontecimento afetivo na Tunísia foi totalmente singular, a ponto de ter um nome próprio: Mohamed Bouazizi. O ato singular de Bouazizi de autoimolação foi explosivo em virtude da configuração relacional na Tunísia, pela maneira como foi implantada, e, como sempre, pelo conjunto de pressuposições e tendências totalmente únicas. Cada acontecimento tem suas próprias características afetivas. No caso do Occupy Wall Street, foi uma composição única de signos, incluindo o vocabulário econômico do "um por cento", o contrapoderoso prestígio da marca

Anonymous e o olhar mal comportado simbólico da máscara de Guy Fawkes. A cascata de acontecimentos afetivos ocorre por meio de um efeito multiplicador, semelhante aos tipos de efeitos multiplicadores de que o neoliberalismo se gaba. A diferença é que o contágio do contrapoder *multiplica a singularidade* dos acontecimentos conectados em série.

Os efeitos neoliberais multiplicadores retornam à mesma figura do capital humano de sempre: o sujeito de interesse na forma de sujeito-empresa, preso nos paradoxos da escolha racional. O neoliberalismo vibra com a produção de novas variações do sujeito-empresa. Essa é uma mesmice excepcionalmente multissingular. Mas trata-se de uma mesmice, mesmo assim, no sentido de que todas as variações giram em torno de uma equação reproduzida infinitamente entre as entidades corporativas e individuais. O aspecto do neoliberalismo que diz "as corporações também são pessoas" impõe um modelo único (não) pessoal que opera em múltiplas escalas, mas apenas no registro dos interesses privados. Os níveis coletivo e individual são necessários para compartilhar uma identidade formal: a da pessoa como um sujeito-empresa. São necessários formalmente para a conformidade com aquele modelo abrangente. Em meio à diversidade, na e por meio da proliferação das singularidades cujo surgimento é promovido pelo campo processual oscilatório não equilibrado, o neoliberalismo tenta fisgar todo peixe empresarial em sua onda com uma equação formal que tem como objetivo manter tudo junto na órbita capitalista da tendência para a produção de mais-valia qualitativa.

Os contágios de contrapoder afirmam o multissingular, não preso, ou preso apenas ao problema da reinvenção da liberdade de acontecimentos. Desprendidos do sujeito-empresa, eles não impõem a sua equação – ou qualquer outra. Apresentam o problema diferencial da diversidade de tendências mutuamente incluídas no mesmo pacote da onda afetiva, sem o prejulgamento do que poderia ocorrer. À medida que cumprem a sua vocação de expressar a complexidade total do acontecimento, são tendenciosamente anticapitalistas por natureza: fabulações da liberdade anticapitalistas; devires abertos; transformações ferais, potencialmente além do humano, quanto mais do capital humano. Autonomias "maquínicas" de decisão. Em linguagem capitalista: "externalidades" incalculáveis.[20]

A ideia de que as tendências contrapoderosas ao capitalismo se agitam de forma imanente ao seu campo não deveria ser confundida com a posição "aceleracionista" que muitas vezes é atribuída (equivocadamente) a Deleuze e Guattari. De acordo com o modelo de aceleração, as tendências do capitalismo deveriam ser levadas até o máximo extremo para precipitar uma crise para acabar com todas as crises. A tendência capitalista de produção de mais-valia ainda maior, por meio de um retorno cada vez mais rápido, é exatamente o que gerou as condições nada equilibradas nas quais opera.

---

20. "Externalidades positivas" são efeitos multiplicadores benéficos que "resultam dos fenômenos de interdependência social" (Rosa e Aftalion, 1977, p. 268; citado em Foucault, 2008, p. 264, n. 27). Elas se amplificam com facilidade para além de razão ou medida. Isso porque "estão fora do universo de relações de propriedade e, desta forma, são resistentes à lógica do mercado" (Hardt e Negri, 2009, p. 155). São vivenciadas em termos diretamente qualitativos, como aumentos não privatizáveis da "qualidade de vida", por exemplo, a "convivência" de um ambiente urbano. E se fazem sentir mais intensamente, como observam Hardt e Negri, exatamente no ponto em que os economistas diriam que as pessoas não conseguem agir "racionalmente", mas, mesmo assim, o mercado tenta recuperar suas ações e reduzi-las à lógica. Os preços disparam, por exemplo, no mercado imobiliário do centro da cidade, depois das tendências de reurbanização alimentadas pelos consumidores relativamente abastados em busca de "qualidade de vida". "Distorções do mercado" resultam da tentativa do mercado de quantificar o inquantificável. Essas distorções podem levar a um "fracasso de mercado" (p. 155). Externalidades positivas podem se transformar em negativas para o mercado quando são privatizadas e mercantilizadas. Essa é uma das maneiras como o capitalismo se aproxima de seu próprio limite, imanente à sua operação. Hardt e Negri chamam esse limite qualitativo imanente, que se expressa em termos do mercado e opera externalidades positivas, o "comum". No vocabulário estético deste ensaio, a vivência qualitativa do limite imanente do capitalismo é uma "alegria". Externalidades positivas não são comuns, no sentido de que não são experimentadas de modo genérico, nem são acessíveis equitativamente, como seria um recurso. Enquanto acontecimento, a alegria nunca é comum: sempre multissingular. Tampouco as externalidades positivas são necessariamente "conviviais" – mas são sempre transindividuais. Não são "sociais" no sentido comum: são simpatias não humanas intuitivas. Não são cálculos irracionais, e sim autonomias autodecisórias de autorrelação do campo ilimitado aproximando um limiar.

Ao forçar ainda mais essa tendência maníaca, assim vai este pensamento, todo o exercício de equilíbrio, constitutivamente instável, entra em colapso. O problema é que até as crises das quais o processo capitalista consegue se recuperar causam uma desgraça sem fim. É difícil imaginar o grau de alegria que poderia resultar do colapso final. Deleuze e Guattari não concordam com essa análise, que ignora uma distinção tão crucial ao seu pensamento como é para o nosso: a distinção entre a mais-valia qualitativa de vida e a mais-valia quantitativa capitalista. Também ignora a segunda distinção, igualmente crucial: entre a atividade de consumo (que gira em torno da satisfação hedonista) e a atividade criativa (que busca a intensificação). A queda final prevista viria da produção excedente em nome do consumo excedente. São virtudes essencialmente capitalistas, seja qual for o extremo a que são levadas.[21]

21. A atribuição de uma posição aceleracionista a Deleuze e Guattari ignora toda a análise do "axiomático" capitalista que ocupa parte substancial do último capítulo de O Anti-Édipo (Deleuze e Guattari, 1983). O axiomático capitalista é uma sistematização aberta e complexa de "decodificações" e "desterritorializações" que o capitalismo produz como um processo oscilatório não equilibrado fomentador de emergências. O axiomático recaptura essas emergências processuais para o sistema capitalista. Ele as recupera para a produção de mais-valia quantitativa, para um faturamento em constante aceleração – produção pela produção, em simbiose com o consumo pelo consumo. O sistema capitalista não é uma estrutura, e sim um conjunto de procedimentos abstratos em constante mutação para "conjugar" os fluxos de decodificação e desterritorialização que atravessam seu campo relacional. É uma "máquina abstrata" que opera como o maior "aparato de captura" – capaz de capturar emergências singulares. Suas operações de captura "deslocam o limite" do capitalismo. Toda vez que o capitalismo se aproxima do seu limite e está à beira do colapso de uma vez por todas, ele encontra uma nova maneira de capturar as energias criativas volicionais afetivas ("desejos") que começaram a escapar dele, e usá-las para alimentar sua própria passagem pela fronteira de consistência para uma nova fase de seu processo, sistematizado em uma nova configuração de sua axiomática. Uma tendência que afirma um movimento relacional volicional afetivo para si mesmo – não pela produção ou pelo consumo – é anticapitalista por natureza. Sua autoafirmação de transformação qualitativa inicia um movimento de fuga, que se estende tendencialmente além do limite – que, no fim das contas, é o do interesse. Sobre a axiomática capitalista e a singular-multiplicidade imanente ao campo relacional capitalista, ver Deleuze e Guattari (1987, p. 460-73). Para alguns dos debates sobre o aceleracionismo, ver Moreno, 2013. Deleuze e Guattari conduzem uma crítica contínua do conceito de interesse no decorrer do capítulo 4 de O Anti-Édipo.

As tendências imanentes ao campo capitalista que, segundo Deleuze e Guattari, contêm as sementes do potencial revolucionário, não são tendências capitalistas. Podem assim se tornar, por meio da recaptura, como infelizmente foi o caso de muitas tendências nos anos 1960. Mas em sua própria agitação, no surgimento da atividade nua, têm uma tendência anticapitalista na forma mais fundamental: elas afirmam para si a produção da mais-valia qualitativa de vida como a mais-valia em si (ou, mais precisamente, do acontecimento). Em resumo, são micropolíticas no sentido que acabou de ser definido. Elas tendem não à satisfação do interesse próprio, mas à alegria relacional do acontecimento. Não são consumidoras. Elas inventam de forma abdutora. Não criam estratégias para o próximo passo. Elas fabulam um corte-salto. São catalisadas e formam uma cascata, deixando lembretes "imortais" dos potenciais recém-constelados que não "desejam" nada mais do que retornar, numa autonomia da decisão própria, como um equivalente afetivo funcional da volição. São dividuais, em sensibilidade cruzada com o transindivíduo. São o próprio desejo infra-trans que se autoafirma e autoafeta.

> A sociedade capitalista é capaz de produzir muitas manifestações de interesse, mas nenhuma manifestação de desejo (Deleuze e Guattari, 1983, p. 379; tradução modificada.)

Rumo a uma arte anticapitalista do acontecimento

O poder capitalista, como foi dito anteriormente, é um ontopoder: um poder positivo de devir, um poder criativo que opera relacionalmente entre os polos oscilatórios do divíduo e do transindivíduo (apesar da sua própria retórica individualista; ou mais especificamente, tolerando extremamente bem seu paradoxo). O ontopoder, como também foi dito, só pode ser combatido pelo ontopoder. Além disso, foi afirmado que isso requer praticar a *intuição como uma arte política*. "Arte" porque um poder transformativo contra-capitalista evidencia a dimensão estética da vida, definida por Whitehead como a invenção dos modos da copossibilidade entre contrastes em geral mutuamente excludentes, de acordo como "objetivo máximo" da vida, que é a intensificação. A intuição como uma arte política foi considerada uma arte de refinar o acontecimento: podar as condições para modular suas propensões e seus incentivos a uma ação determinada, para a fabulação coletiva baseada na altereconomia qualitativa de uma valia de vida diretamente vivida.

Trata-se de uma tarefa eminentemente pragmática. Envolve a experiência com práticas do condicionamento do acontecimento. Que tipo de juízo perceptual produz uma paisagem crescente de potencial? Como as pressuposições podem ser finalmente implantadas de forma significativa no campo relacional para cuidar de sua intensificação? Que composições de signo da paixão do outro estão aptas a induzir um acontecimento solidário de contágio multissingular, além do âmbito humano do interesse próprio? Que tipos de preparos são mais apropriados para o surgimento de copossibilidades contrastantes? Como as relações podem ser movimentadas de forma a gerar novas paixões? E as novas paixões, para gerar novas tendências? E as novas tendências, para gerar a invenção de novos assentamentos que não limitam, de forma demasiadamente rápida ou severa, o potencial liberado? Como esses assentamentos podem ser constituídos para desejar sua própria sobrevida, o desdobramento em série contínua da liberdade do acontecimento, contagiosamente superando as limitações a que cada acontecimento da série está inevitavelmente sujeito? Como tudo isso pode ser realizado de forma abdutora, no imediatismo do acontecimento? Como o inconsciente afetivo pode ser politicamente operacionalizado, sem promover o fascismo? Como orientar a arte política de intuição para a reinvenção serial da liberdade? Como aprender o autopreparo para a colaboração de sensibilidade cruzada com *primings* mais amplos do campo relacional, considerando os limites da razão reflexiva? Em resumo, como maquinar autonomias transindividuais de decisão, considerando sua autonomia? E da forma mais resistente possível à recaptura capitalista?

Existe apenas uma resposta para todas essas questões: não existe uma resposta geral para elas. A razão para fazer essas perguntas não é antecipar uma solução, mas apontar para a necessidade da proliferação de práticas cujo objetivo seja desenvolver técnicas de relação que respondem à *problemática* delineada pela impossibilidade generalizada de responder a essas questões. Ainda que impossíveis de responder em geral, é possível encenar singularmente o problema. É eminentemente possível estabelecer as condições que reativam o campo problemático para o qual essas questões apontam. Quando isso é feito, com arte suficiente – com técnica suficientemente fermentada por uma dose de intuição relacional – um acontecimento afetivo pode muito bem ser ocasionado. Não é possível evitar uma abordagem de tentativa e erro. Cada acontecimento é a semente afetiva da série de acontecimentos que pertencem uns aos outros, à distância e em intervalos de suspensão. As práticas da arte política do acontecimento são práticas experimentais que só querem uma companhia em cascata, que ocorrem coemocionalmente enquanto fazem as séries do seu próprio tempo.

Os acontecimentos não precisam ser dramáticos. E não precisam esperar por uma conjuntura excepcional de condições catalíticas. Acontecimentos ordinários podem liberar potencial, de sua própria forma intensamente modesta. Podem seriar, em lacunas tensionais da textura do cotidiano. Acontecimentos micropolíticos, que ocorrem ostensivamente em pequena escala, sempre têm o potencial de acender e inflamar. Acontece quando menos se espera. Em todo caso, a militância pela revolução também só funciona quando menos se espera – graças a um contágio de autodecisão do acontecimento cujas condições de gatilho estão, por natureza, além da conscientização militante. E quando obtém sucesso por conta própria, é porque é capaz de persuasão causal – e, assim, carrega as sementes de sua própria traição em seus genes macropolíticos de cálculo programático.

Então: não é necessário esperar pelas condições "certas". Não existem condições certas. Apenas condições singulares. Afine essas condições de forma experimental. Emita signos de paixão. Catalise o que quer que esteja ao seu alcance dividual-transindividual. Produza alegria. Obtenha alegria nas mais-valias qualitativas de vida potencialmente prontas para a vida onde você está. Gere uma comoção micropolítica e aponte-a para a ação abdutiva. Entregue-se de forma artística, em uma relação com os outros que são sua autorrelação para o futuro, no ativismo do acontecimento.[22]

---

22. Para um relato das experimentações modestas na arte micropolítica do acontecimento praticada desde meados dos anos 2000 pelas atividades do SenseLab, em Montreal, ver Manning e Massumi, "For Thought in the Act" (2014, p. 83-134).

APÊNDICE

Suplemento I

As tarefas afetivas da razão

Depois de colocar os dedos invisíveis da racionalidade no fogo por tantas páginas, está na hora de reconhecer seu valor. A razão, não há como negar, tem um papel fundamental a desempenhar – contanto que contenha sua própria soberba e acredite em Hume, que diz que ela não tem força geradora ("a razão sozinha nunca pode produzir nenhuma ação nem suscitar volição", Hume, 1984, p. 460). De acordo com o autor, a razão tem duas tarefas.

A primeira tarefa é *crítica*, compreendida no sentido bastante específico de identificar erros de julgamento de percepção, que podem ser considerados *ilusões objetivas*: incongruências efetivamente criadas nas condições relacionais de uma ocasião de percepção que incorpora um defeito em sua gênese. O exemplo preferido de Whitehead é pegar um objeto em um espelho e ficar atrás dele. Ilusões objetivas não são simples falhas, mas produtos da tendência entrópica da vida a se conformar aos sentimentos: pressuposições habituais (por exemplo, as regularidades de perspectiva) que fazem surgir uma nova situação porque os sinais de sempre estão em ação, enquanto contrassinais de que algo está errado, apesar de também estarem presentes, não surtem efeito. Acontece que a ocasião acaba sendo comparada, em seus traços essenciais, a situações conhecidas anteriormente. A nova situação é erroneamente vivenciada como mais similar a uma classe de outros acontecimentos do que como diferente em sua própria ocorrência. Nos casos em que o juízo perceptual se afasta demais, aproximando-se do polo perceptual de conformação de sentimentos, a razão pode, em seu papel crítico, exercer seu gosto adquirido historicamente por bases ou fundamentos ao devolver o juízo perceptual às singularidades que o embasam. A tarefa exige que a razão supere sua paixão, também adquirida historicamente pela generalidade, e também, sendo esta talvez ainda mais fortemente enraizada, pela lógica classificatória que sustenta o seu exercício. Assim, a razão deve, ao mesmo tempo, realizar uma *autocrítica* de seu amor pela ideia geral. Uma ilusão objetiva é exatamente a forma como as ideias gerais são de fato encontradas no mundo. Tradicionalmente, a "racionalidade" as engrandeceu – as amplificou –, em vez de reassentá-las nas singularidades em sua origem. O "sujeito" é o mais amplo e processualmente significativo dessas ilusões objetivas racionalmente engrandecidas.

A segunda tarefa que Hume atribui à razão é *corretiva*: avaliar a eficácia de um meio escolhido por uma tendência para avançar em sua orientação escolhida, rumo ao seu ponto final desejado. Essa tarefa permite que a razão desfrute de outro de seus amores: a paixão pela causalidade. A "racionalidade" tradicionalmente favorece a explicação por meio da identificação de causas antecedentes locais, cujos efeitos lineares são proporcionais ao ímpeto transmitido. Isso é perfeitamente adequado para sistemas simples, relativamente fechados, em certos níveis de realidade (que respondem às leis clássicas da termodinâmica). Sob condições de complexidade, muitas formas de racionalidade elevaram seu nível para incluir causas estruturais ou formais. Isso abre mão da localidade de uma causa isolável, mas mantém certa linearidade de efeito: por exemplo, transições entre eras, épocas ou paradigmas. Avançando ainda mais na direção da complexidade, a teoria de sistemas e a teoria da complexidade tiveram de reconhecer racionalmente a realidade da causalidade recursiva: *feedback*. Quando ele é permitido, ocorre um efeito bumerangue que acaba com qualquer ilusão que possa ter permanecido de que relações lineares de causa e efeito são geralmente recuperáveis: *feedforward*.

O *feedforward* advém do conceito de tendência. A tendência é uma orientação apaixonada que governa o movimento na direção de um atrator, um ponto final desejado (usando "desejo" no sentido desenvolvido neste ensaio, de uma autonomia de decisão sem sujeito que afirma sua própria força motriz afetiva). Operando juntos, os efeitos de complexidade não linear emergentes de *feedback/feedforward* podem alterar ou até *reinventar o ponto final*. Esse é o significado de inventar uma tendência. Dada a disposição natural do mundo a devir, essa reinvenção de pontos finais tendenciais costuma ocorrer com frequência. O ponto final, como William James observou, "noventa e nove vezes de cada cem" continua sendo "virtual" (James, 1996, p. 69, 71-2). Não é o ponto final: é uma constelação singularmente múltipla de estados terminais potenciais sobrepostos, contrastando juntos e em constante reformatação. Existe apenas uma coisa que uma tendência, como uma volição afetiva, quer mais do que chegar ao seu ponto final, e isso é *continuar* – afirmar sua realidade como algo que *tende a* (em vez de chegar a um fim, o que é totalmente diferente). "Tender a" é algo que tem constitutivamente um fim aberto, por natureza implicado em movimentos de invenção.

A tarefa que a razão impõe, de testar meios, é, portanto, muito mais complicada do que parece a princípio. A racionalidade não pode presumir ser capaz de lidar com seu papel corretivo em isolamento, precisamente porque o que precisa de suas avaliações são tendências, cuja complexidade emergente e aberta em relação a um fim é exatamente o tipo de coisa que a confunde. A primeira coisa de que a razão necessita para se fazer digna dessa tarefa é realizar outra autocrítica, desta vez da sua paixão pela causalidade. Assim como o amor que a razão tem pela generalidade, seu apego à causalidade é uma glorificação do hábito: um produto da expectativa entranhada por certo resultado baseado na regularidade com que resultados semelhantes foram vivenciados em ocasiões passadas, o que os leva a serem entendidos como de um tipo similar.[1] O apego exagerado da racionalidade a modelos tradicionais de causalidade é, assim, mais um resultado da ilusão objetiva que consiste em não notar a singularidade de situações, especificamente no que diz respeito à maneira como as singularidades se relacionam para compor suas tendências, e configurar a percepção que se tem da situação. As duas autocríticas da razão devem ser intimamente ligadas. Juntas, elas precisam desenganar a razão de sua desconfiança instintiva em relação à afetividade e à intuição.

Assim desenganada, a razão pode partir para sua segunda tarefa. Para obter sucesso em sua tarefa corretiva, a razão deve iniciar uma cooperação da maior proximidade com a experiência abdutiva. Deve abraçar processualmente a arrogância com que frequentemente considera o seu oposto "irracional". Deve se tornar mais uma companheira de viagem dos tipos de experimentação relacional descritos no fim da parte 3. Deve acompanhá-los amorosamente, reconhecendo que os "meios" que ela pode testar, e ajudar a construir, são técnicas de relação: configurações experimentais para produzir condições oportunas para o exercício inventivo da abdução, no modo infra-trans-individual em que opera originalmente.

Quando a razão abandona, como sua própria força motriz, e em sua própria grandiosidade, a crença arrogante em seu próprio poder, quando se rende à cooperação com a afetividade, ela efetivamente ganha algo que nunca poderia obter por conta própria: criatividade. O fato de que a leitura e as operações matemáticas multietapas podem ocorrer de forma não consciente significa que técnicas racionais altamente elaboradas podem operar *feedback/feedforward* no nível germinal da experiência, operar alinhadas com a gênese da percepção. Meios de ação conscientemente elaborados podem se tornar não conscientes, como parte

---

1. Sobre o hábito como princípio da associação de ideias na base do entendimento causal, ver Hume, 1984, p. 154-5.

de um processo em que a *prática se torna percepção* (Massumi, 2002, p. 189, 198). Os resultados da cognição e cogitação racional entram pela toca do coelho que é o extremo regressivo da vida, voltando-se de maneira a fazer com que a vida ressurja. Nela, a racionalidade adentra, por seus próprios resultados, a sobreposição com outros modos de atividade que ali se agitam, incluindo, claro, esses que fazem surgir abduções e juízos de percepção. A racionalidade adentra ativamente uma inclusão mútua com a afetividade – de fato envolvendo-se em um pacote de ondas afetivo. De tal forma envolta na atividade nua, a razão devém ontopoderosa. Por associação, pelo menos: em co-operação. Ela se torna um fator co-operativo que contribui com o devir.

A essa altura, a racionalidade perdeu toda a pretensão de fazer julgamentos finais, sozinha, do alto. Perde sua satisfação sinistra em impor "correção": em normalizar situações pela imposição de ideias gerais e em estabelecer processos disciplinares em nome da causalidade. Ela encontrou a alegria. Perdeu sua vocação prescritiva e se juntou à intuição. Ela concordou em se colocar a serviço da *espontaneidade*.

Na expressão "a prática se torna percepção", a ênfase deve ser colocada na palavra "prática". Uma função "corretiva" não uma função que impõe uma "correção" a uma atividade vinda de fora. Uma correção funciona de modo imanente a um processo, podando-o por dentro. O modo de correção não é juízo, mas *tentativa e erro*: em outras palavras, a reencenação iterativa das condições do acontecimento que explora progressivamente a reserva de potencial em um determinado acontecimento, como parte de uma série contínua de acontecimentos, afetivamente interligados a distância. Tentativa-e-erro não supõe uma postura de correção. Ela adentra o fluxo de contágio do acontecimento com técnica de podamento efetivo. A técnica é aplicada às condições catalíticas do campo relacional cujas características são repetidas e variadas no fluxo de acontecimentos pontuais que compõem uma série. Uma correção contribui para direcionar o fluxo. Se quiser uma metáfora para o modo de atividade da razão em seu tornar-se criativa, seria mais náutica que jurídica. A razão, em cooperação com a intuição, não é um juiz. Ela está mais para um timão.

Tudo isso depende de a racionalidade aceitar o humilde fato de que ela não precisa se opor à paixão e entrar em um combate heroico com a afetividade. Ela precisa se distanciar de sua própria história. Ao experimentar a alegria da invenção ontopoderosa, a racionalidade passa a aceitar o fato de que *é, ela mesma, uma paixão,* afinal. Só que é uma paixão de humor historicamente contrário, extremamente enamorada de sua própria soberba e que superestima de forma estranha sua própria força tendencial. Quando a razão se reconcilia com sua própria paixão, ela pode finalmente tender ao futuro relacional da co-operação criativa. Isso implica admitir que seus amores pela generalidade e pela causalidade sempre foram paixões – ainda que de natureza restritiva, agindo para conter paixões mais inventivas e expansivas, tornando-se fatores apaixonados do antidevir. A razão deve admitir sua própria natureza apaixonada para converter o seu exercício restritivo em uma força do devir, em uma autossuperação imanente interna de seu exercício crítico/corretivo. Agora a razão está em uma posição de retribuir o favor que a afetividade sempre lhe fez, ao permitir que estruturas de racionalidade pudessem por tanto tempo capturar sua força positiva para a invenção, sem receber nem ao menos um "obrigado".

Como uma paixão, o devir criativo da razão é suscetível a se converter em uma emoção, como ocorre com todo afeto. Orientada para o futuro relacional, a razão abraça o processo de solidariedade. Ela depois encontra a segunda tarefa afetiva, converte mais duas emoções, desta vez a preocupação e a generosidade: ela cuida do acontecimento relacional. Mas não se deve permitir que isso ofusque o fato ontopoderoso de que essas emoções são essencialmente *expressões personalizadas do potencial para o acontecimento relacional*. Na base da ação nua, no ponto extremo íntimo do ressurgir da vida, estão as virtudes não pessoais do acontecimento (Manning e Massumi, 2014, p. 108-10).[2]

Missão: viver afetiva e relacionalmente a generosidade *do acontecimento*.

Cuide disso, e goze.

---

2. Sobre "preocupação" como um personagem do acontecimento, ver Whitehead, 1968, p. 167.

Suplemento II

Palavras-chave do afeto

Este suplemento é um mosaico de passagens extraídas de uma série de artigos publicados anteriormente e editados para este livro.

Limiar   O conceito de afeto mobilizado aqui foi adaptado de Spinoza via Deleuze. Spinoza fala do corpo em termos de sua capacidade de afetar ou ser afetado. Não são duas capacidades diferentes – elas sempre andam juntas. Quando você afeta algo, está se abrindo para ser afetado(a) também e de uma forma um tanto diferente do que teria ocorrido um momento antes. Você fez uma transição, por menor que seja. Você atravessou um limiar. O afeto é a passagem por esse limiar, do ponto de vista da mudança de capacidade.

Corpo   É crucial lembrar que quando Spinoza fala sobre afeto ele está falando sobre o corpo. O que um corpo é, diz o autor, é o que ele pode fazer pelo caminho. Trata-se de uma definição totalmente pragmática. Um corpo é definido pelas capacidades que ele traz consigo a cada passo. O que elas são exatamente muda o tempo todo. A habilidade de um corpo de afetar ou ser afetado – sua mudança de afeto ou poder de existência – não é algo fixo. Dependendo das circunstâncias, aumenta e diminui suavemente, como uma maré, ou talvez arrebenta ou se curva como uma onda, ou às vezes simplesmente cai ao ponto mais baixo.

Tendência – Intensidade   Para Spinoza, o corpo é uno com suas transições. Não existe "o" corpo. Existe uma corporificação contínua. Cada transição é acompanhada de uma variação na capacidade: uma mudança em que os poderes de afetar e ser afetado são abordados por um acontecimento seguinte, em relação a quão prontamente abordáveis se encontram, ou em que grau estão presentes como futuridades. Esse "grau" é uma intensidade corpórea, e sua futuridade presente é uma tendência. A problemática espinozista do afeto oferece uma forma de entremear conceitos de movimento, tendência e intensidade, em devir.

Qualidades de vida   O sentimento da transição conforme o corpo se move de um afeto, ou poder de existência, para outro, supõe uma certa separabilidade do acontecimento ao qual está ligado, já que a transição se distingue da capacitação que ativa a passagem. O que é sentido é a qualidade da experiência. O registro do afeto terá então de abordar diretamente formas de experiência, formas de vida, em um registro qualitativo.

Retorno afetivo   A transição sentida deixa um rastro, constitui uma memória. Consequentemente, não pode ser restrita àquela ocorrência única. Sua qualidade de experiência está ligada ao retorno. Já houve o retorno, em certa medida. Já faz parte de uma série de repetições, à medida que o corpo tem um passado.

Acontecimento   Enquanto se prepara para uma passagem para um estado diminuído ou aumentado, a capacitação afetiva da corporificação está completamente ligada ao passado vivido pelo corpo. Esse passado inclui o que consideramos elementos subjetivos, como hábitos, aptidões adquiridas, inclinações, desejos e até mesmo vontades, que ocorrem em padrões de repetição. Isso não torna o acontecimento menos enraizado no corpo. O passado que o corpo leva adiante de modo serial inclui níveis – como a herança genética e a filogênese – que entendemos como físicos e biológicos. Há uma reativação do passado na passagem para um futuro modificado que atravessa dimensões de tempo, entre passado e futuro, e entre passados de diferentes ordens. Esse tempo entre-tempos ou tempo transversal é o tempo do acontecimento. Trata-se de uma temporalidade que permite, e requer, que você repense todos esses termos – capacitação corpórea, transição sentida, qualidade da experiência vivida, memória, repetição, serialização, tendência – em relação dinâmica uns com os outros.

Liberdade Existe uma população ou uma enxurrada de maneiras potenciais de afetar ou ser afetado enquanto nos movemos pela vida. Sempre temos uma vaga noção de que elas estão lá. Essa vaga sensação de potencial chamamos de nossa liberdade, e a defendemos ferozmente. Mas não importa quanta certeza temos de que o potencial está ali, ele parece sempre estar fora de alcance, ou talvez depois da próxima curva. Porque ele não está de fato ali – apenas virtualmente. Mas talvez se pudermos tomar pequenas medidas práticas, experimentais, estratégicas para expandir nosso registro emocional, ou flexibilizar nosso pensamento, poderemos acessar mais do nosso potencial a cada passo, ter mais dele de fato acessível. Ter mais potenciais disponíveis intensifica nossa vida. Ficamos menos escravizados pelas nossas situações. Mesmo que nunca tenhamos nossa liberdade, estamos sempre experimentando um grau de liberdade: espaço de manobra. Nosso grau de liberdade em qualquer ocasião corresponde a quanto da nossa "profundidade" experiencial conseguimos acessar a cada passo – com que intensidade estamos vivendo e nos movendo. Seu horizonte varia a cada transição, e novos graus de liberdade podem emergir. Tudo gira em torno da abertura das situações e de como podemos viver essa abertura. E é preciso lembrar que a maneira como a vivenciamos está sempre totalmente incorporada, e isso nunca é totalmente pessoal – nunca está tudo contido nas nossas emoções e nos nossos pensamentos conscientes.

Emoção   Como o afeto trata dos movimentos do corpo, ele não pode ser reduzido à emoção. Ele não é subjetivo no sentido de pertencer ao sujeito a que o corpo pertence. O que não quer dizer que não exista nada de subjetivo nele. Spinoza afirma que toda situação é acompanhada de uma sensação de mudança de capacidade. O afeto e a sensação de transição não são duas coisas diferentes. São dois lados da mesma moeda, assim como afetar e ser afetado. Esse é um sentido em que o afeto trata da intensidade – todo afeto é uma duplicação. A experiência de uma mudança, um afetar/ser afetado, é redobrada por uma experiência da experiência. As duas juntas dão a cada acontecimento uma forma subjetiva única. Ela dá aos movimentos do corpo uma espécie de profundidade intensiva que permanece com ele em todas as suas transições, acumulando-se – em memória, hábito, reflexo, desejo, tendência. A emoção é a maneira como a profundidade intensiva dessa experiência em andamento se registra pessoalmente a qualquer momento. É apenas no nível da emoção que essa forma subjetiva do acontecimento afetivo é vivenciada como pertencendo a um sujeito separado do acontecimento.

Contenção   Uma emoção é um conteúdo subjetivo, o fixar sociolinguístico da qualidade de uma experiência que é, daquele ponto em diante, definida como pessoal. A emoção é intensidade qualificada, o ponto de inserção convencional e consensual da intensidade em progressões formadas semântica e semioticamente, em circuitos de ação-reação capazes de serem narrados, em função e significado. É intensidade assumida e reconhecida. É fundamental teorizar a diferença entre afeto e emoção.

A autonomia do afeto   O afeto é autônomo à medida que escapa do confinamento no corpo específico em que se encontra, e cuja vitalidade, ou potencial para interação, é constitutiva. Percepções e cognições formadas, qualificadas e situadas que cumprem funções de bloqueio ou conexão real são a captura e o encerramento do afeto. A emoção é a expressão mais intensa (mais contraída) dessa captura – e do fato de que algo sempre escapa. Algo permanece não realizado, não separado, mas não assimilável a qualquer expressão emocional específica. É por isso que toda emoção é mais ou menos desorientadora, e é por isso que ela é classicamente descrita como estar fora de si, a ponto de alguém estar íntima e incompartilhavelmente em contato consigo mesmo e com sua própria vitalidade. Se não houvesse escapatória, excesso nem remanescente, o universo não teria potencial, entropia pura, morte. Estruturas de todos os tipos, emocionais e outras, vivem naquilo e através daquilo que lhes escapa. Sua autonomia é a autonomia do afeto. A autonomia do afeto é sua participação no virtual: potencial que é um vestígio do passado, mantido em reserva para o futuro. Sua autonomia é sua abertura. Sua abertura é para a saída de emergência de sua própria futuridade.

Afeto da vitalidade Não é possível não notar a fuga do afeto, junto com as percepções que são sua captura. Essa percepção colateral pode ser pontual, localizada em um acontecimento (como a súbita constatação de que felicidade e tristeza são algo além do que são). Quando é pontual, em geral é descrita em termos negativos, tipicamente como uma forma de choque (a súbita interrupção de funções da conexão atual). Mas também é contínua, como uma percepção de fundo que acompanha todo acontecimento, por mais cotidiano que seja. Quando a continuidade do escape afetivo é colocada em palavras, ela tende a assumir conotações positivas. Porque não é nada menos que a percepção da própria vitalidade, a própria sensação de estar vivo, de mutabilidade (muitas vezes significando "liberdade"). A "sensação de estar vivo" de alguém é uma autopercepção contínua e não consciente (autorreflexão não consciente ou autorreferencialidade vivida). É a percepção dessa autopercepção, sua nomeação e conscientização, que permite que o afeto seja efetivamente analisado.

Remanescente (excesso) Pode-se pensar no afeto em um sentido mais amplo como o que resta de potencial da vida depois de toda e cada coisa que um corpo diz ou faz – como um remanescente corpóreo perpétuo. Visto de um ângulo diferente, esse remanescente perpétuo é um excesso. É como uma reserva de potencial, novidade ou criatividade vivenciada junto com toda produção de significado atual ou qualquer performance de uma função útil – vivenciada de forma vaga, mas direta, como algo mais, algo mais por vir, uma vida que transborda conforme se recolhe para avançar.

Choque (corte/fluxo) O afeto tem a ver com o choque, mas não precisa ser um drama. Na verdade, tem mais a ver com microchoque, do tipo que povoa cada momento da nossa vida. Por exemplo, uma mudança de foco ou um leve movimento na visão periférica que atrai o olhar. Em cada mudança de atenção ocorre uma interrupção, um corte momentâneo no modo como a vida se desenrola. O corte pode passar despercebido, ocorrer de forma imperceptível, como um *prime*, com apenas seus efeitos adentrando a percepção consciente durante seu desenrolar. Esse é o início da ativação que marca uma transição vindoura. Esse início de experiência é, por natureza, imperceptível.

Micropercepção Essa é uma forma de compreender a "micropercepção", um conceito de grande importância para Deleuze e Guattari. A micropercepção não é uma percepção menor, é uma percepção de um tipo qualitativamente diferente. É algo sentido sem registro consciente. É registrado apenas em seus efeitos. Há sempre uma comoção em curso, um *something doing*, como diria James. Há sempre esse algo-fazendo atravessando, inter-rompendo qualquer continuidade que esteja em andamento. Para que as coisas continuem, elas precisam recontinuar. Elas precisam se adaptar em torno da interrupção, rumo a uma nova transição. No instante da adaptação, o corpo se prepara para o que está por vir. Ele se prepara internamente, no sentido de retornar ao seu potencial de mais vida por vir, e esse potencial é imanente à sua própria ascensão.

Worlding Você às vezes pode sentir o preparo interno em si, de forma mais perceptível através de sustos ou medos. Antes de reconhecer conscientemente do que tem medo, ou até mesmo sentir que é você mesmo o sujeito da situação, você é catapul-tado para um sentimento de receio da situação. Só ocorre a você no instante seguinte que é melhor descobrir o que causou esse catapultamento e o que você deve fazer a respeito disso. É só então que você se apropria dos sentimentos como seus e reconhece isso como um conteúdo da sua vida, um episódio em sua história pessoal. Mas no instante do ataque afetivo ainda não existe conteúdo. Tudo o que existe é a qualidade afetiva, coincidindo com a sensação de interrupção e da transição vin-doura. Essa qualidade afetiva é tudo o que existe no mundo naquele instante. E toma conta da vida, preenche o mundo, por um instante incomensurável de choque. A micropercepção é esse recomeço puramente afetivo do mundo.

Atividade nua O mundo em que vivemos é basicamente feito dessas micropercepções reinaugurais, cortantes, indicando uma emergência, incitando capacidades. Cada corpo é, a todo instante, cativo de inúmeras delas. Um corpo é uma complexa preparação interna ocorrendo de forma complexa e de modo serial. As ten-dências e capacidades ativadas não necessariamente dão frutos.

Algumas serão invocados no limiar da ocorrência, apenas para serem deixadas para trás, não realizadas. Mas até mesmo elas terão deixado seu rastro. Naquele momento de comoção interruptiva, ocorre uma indecisão produtiva. Há um suspense construtivo que chamo de atividade nua. Potenciais ressoam e interferem, o que modula aquilo que de fato se efetua. O conceito de afeto está ligado à ideia de modulação que ocorre em um nível constitutivo em que muitos algos estão se fazendo, a maior parte sem serem sentidos. Ou, de novo, sentidos apenas em efeito. E não menos reais por passarem sem serem sentidos.

Política afetiva A política, abordada de modo afetivo, é a arte de emitir os sinais interruptivos, desencadeando as pistas que sintonizam corpos enquanto ativam suas capacidades de modo diferencial. A política afetiva é indutiva. Os corpos podem ser induzidos, ou sintonizados, a certas regiões de tendência, futuridade e potencial. Eles podem ser induzidos a habitar o mesmo ambiente afetivo, mesmo que não existam garantias de que vão agir da mesma forma nesse ambiente. Um bom exemplo é um alarme, um sinal de ameaça ou perigo. Mesmo que conclua no instante seguinte que se trata de um alarme falso, você terá de chegar a essa conclusão em um ambiente que seja efetivamente de ameaça. Outros que ouviram o alarme podem reagir de outra forma, mas estarão reagindo de forma diferente juntos, como habitantes do mesmo ambiente afetivo. Todos os que tomam conhecimento do alarme estarão sintonizados com o mesmo acontecimento ameaçador, de uma forma ou outra. É a soma das diferentes formas de ser interpelado pelo mesmo acontecimento que vai definir o que ele terá sido politicamente. O acontecimento não pode ser totalmente predeterminado. Será determinado no seu acontecer. Para que haja uniformidade de reação, outros fatores devem estar ativos para pré-canalizar tendências. A política de conformidade gira em torno da sinalização da ameaça, como a política que predominou no governo Bush; ela precisa funcionar em muitos níveis e em muitos ritmos de *priming* corpóreo para garantir um sucesso relativo. E, mais uma vez, haverá linhas menores que não serão enfatizadas, não surgirão no relevo nem serão totalmente estabelecidas, mas todos as terão sentido daquela forma não sentida de apreender negativamente. Elas ficarão como um reservatório de potencial político. É um potencial imediatamente coletivo; não uma simples possibilidade. Trata-se de uma parte ativa da constituição dessa situação, ela só não foi plenamente desenvolvida, não foi plenamente capacitada a se desdobrar. Isso significa que existem alterpolíticas em potencial no cerne coletivo de cada situação, até mesmo o mais conformista em seu modo de sintonização. É possível voltar a esse reservatório de potencial real, mas não expressado, e ressinalizá-lo. Essa seria uma política de micropercepção: uma micropolítica. A campanha de Obama ressinalizando o medo para a esperança pode ser vista como um direcionamento nesse nível micropolítico, curiosamente, por meio da macromídia.

Sintonia afetiva Vamos dizer que exista uma série de corpos indexados ao mesmo corte, sinalizados para a mesma indicação, chocados em conjunto. O que se dá é um acontecimento coletivo. Ele é distribuído por todos esses corpos. Como cada corpo traz consigo um conjunto diferente de tendências e capacidades, não existem garantias de que vão agir em uníssono, mesmo que estejam sinalizados em conjunto. Por mais diferentes que sejam em suas ações eventuais, todos terão surgido do mesmo suspense. E estarão sintonizados – de formas diferentes – com a mesma comoção interruptiva. "Sintonia afetiva" – um conceito de Daniel Stern – é uma peça fundamental do quebra-cabeça afetivo. Trata-se de uma forma muito mais flexível de abordar a política afetiva do que aquela que se encontra na literatura do que está sendo chamado de "virada afetiva", contando com noções como imitação ou contágio, que encontram a diferença no uníssono, e a concertação na diferença. Por isso, pode refletir melhor a complexidade de situações coletivas, assim como a variabilidade que pode se efetivar do que se considera o "mesmo" afeto. Não existe mesmice de afeto. Existe diferença afetiva no mesmo acontecimento – uma individuação coletiva.

Experiência pura   Chamar o afeto, ou aquele momento sentido de avanço corpóreo, de intersubjetivo é enganoso se "intersubjetivo" for entendido a partir de um mundo em que já existem sujeitos pré-constituídos ou uma estrutura predefinida de posições prontas que sujeitos venham ocupar. O que está em questão é exatamente a emergência do sujeito, sua constituição primária, ou sua reemergência e reconstituição. O sujeito de uma experiência emerge de um campo de condições que ainda não são esse sujeito, em que ele está começando a se apropriar de si mesmo. Essas condições ainda não são nem mesmo necessariamente subjetivas em qualquer sentido normal. Antes do sujeito, existe uma mistura interna, um campo de relação desabrochando heterogêneo e cheio demais para ser chamado de intersubjetivo. Não está num nível em que as coisas se assentam em categorias como sujeito e objeto. Está no nível do que William James chamou de experiência pura. Quando digo que tudo volta ao corpo, não me refiro ao corpo como algo separado do *self* ou do sujeito. Estou falando que o corpo é a região de mistura interna a partir da qual emerge a subjetividade. É a junção do mundo, por experiência, em um aqui e agora anterior a qualquer possibilidade de atribuir categorias como sujeito e objeto. A região afetiva de que estamos falando não é um "intermediário" no sentido intersubjetivo. E não é intencional no sentido de já conter uma polaridade sujeito-objeto. Trata-se de uma preparação, uma fermentação do mundo. É o acontecimento no seu porvir, por meio do qual essas categorias vão retornar.

Pertencimento No afeto, nunca estamos sós. Isso ocorre porque os afetos na definição de Spinoza são basicamente formas de conexão com outros e com outras situações, de afetar e ser afetado. São nosso ângulo de participação em processos maiores que nós mesmos. Com o afeto intensificado vem uma nova sensação de enraizamento em um campo mais amplo da vida – uma sensação aumentada de pertencimento, com outras pessoas e outros lugares.

Política estética Defender a política afetiva é defender a política estética. Penso na conexão entre política afetiva e política estética por meio da ideia de "contrastes" de Whitehead. Os contrastes são desdobramentos tendenciais que se mantêm juntos no instante, ainda que seus desdobramentos de fato sejam mutuamente excludentes. Sua exclusão mútua é uma espécie de tensão criativa: uma intensidade. Os contrastes entre posições interferem e repercutem, e essa comoção modula o que pode surgir. Whitehead define a estética em termos dessa intensidade de contrastes. O ato estético expande a tensão de contraste criativa que caracteriza a emergência de cada ação. Ele prolonga a suspensão do corte, a comoção da interferência e da repercussão, lhe dá duração, de modo que ele atravessa o limiar de perceptibilidade e é conscientemente sentido como potencial. Isso impede a posição de ser um *feedforward* até o fim, como uma reação reflexiva a um estímulo. A resolução é suspensa. Os pontos finais em questão continuam sendo fins virtuais. Sua exclusividade mútua continua informando a situação, contribuindo com o que pode ser, mas a tensão não precisa se resolver para ser conscientemente sentida e pensada. A política estética é irresoluta. É comocional. É o pensar-sentir da incompletude virtual da ação definitiva.

Alterpolítica afetiva Pode não soar político, pelo menos não da forma como costumamos entender a política. Mas é, porque a virtualidade é de um acontecimento por vir e, como vimos, o acontecimento sempre tem o potencial de sintonizar afetivamente uma multiplicidade de corpos com seu acontecer, de modo diferente. A política estética traz a coletividade dos acontecimentos compartilhados à tona, como diferencial: um potencial corpóreo, múltiplo, do que pode vir a ser. A diferença é constituída nesse registro. A política afetiva, compreendida como política estética, é dissensual, no sentido de juntar alternativas contrastantes sem imediatamente exigir que uma se efetive e as outras evaporem. E cria diferentes capacidades pensadas-sentidas para a existência, diferentes potenciais de vida, diferentes formas de vida, sem impor imediatamente uma escolha – ou uma concessão – entre elas.

Ecologia de práticas   A questão política, então, não é como encontrar uma resolução. Não é como forçar uma solução. É como manter a intensidade do que vem a seguir. A única maneira é por meio da diferenciação. Diferentes linhas de desdobramento atualizam os contrastes, entre elas. Desta forma, a questão política é o que Isabelle Stengers chama de "ecologia de práticas". Como cuidar dessa proliferação de diferenciação? Como fazer com que as linhas não colidam e se destruam? Como podem elas coexistir? A "solução" não está em solucionar a tensão por meio de uma escolha nem encontrar um grande acordo, mas modular a tensão em uma simbiose complexa. Uma fertilização cruzada de capacitações que vivem, de forma plena, a intensidade da sua mistura no acontecimento.

Bibliografia

ARCHIBALD, John. "Lynn Margulis: Obituary", *Current Biology*, v. 22, n. 1, 10 jan. 2012, p. R4-R6.

ARIELY, Dan. *Predictably Irrational: The Hidden Forces That Shape Our Decisions*. Nova York: Harper, 2008.

AYACHE, Elie. *The Blank Swan: The End of Probability*. Chichester: Wiley, 2010.

BARAD, Karen. *Meeting the Universe Halfway: Quantum Physics and the Entanglement of Matter and Meaning*. Durham, NC: Duke University Press, 2007.

BARNEY, Darrin; MASSUMI, Brian; SOCHORAN, Cayley (orgs.). "Quebec's Maple Spring", suplemento especial, *Theory & Event* v. 15, n. 3, set. 2012.

BERARDI, Franco. *After the Future*. Oakland, CA: AK Press, 2011.

BUCHANAN, Mark. *Forecast: What Physics, Meteorology, and the Natural Sciences Can Teach Us about Economics*. Nova York: Bloomsbury, 2013.

BUSH, George W. Transcript of News Conference. *New York Times*, 20 dez. 2006. Disponível online.

CAVALCANTE, Hugo L. D. de S. et al. "Predictability and Suppression of Extreme Events in a Chaotic System". *Physical Review Letters*, 2013. doi: 10.11034/PhysRevLett.111.198701 (8 nov., fim de semana).

CHABRIS, Christopher; SIMONS, Daniel. *The Invisible Gorilla And Other Ways Our Intuitions Deceive Us*. Nova York: Crown, 2010.

COMBES, Muriel. *Simondon, Individual and Collectivity: For a Theory of the Transindividual*, trad. ing. Thomas Lamarre. Cambridge, MA: MIT Press, 2013.

CONNOLLY, William E. *The Fragility of Things: Self-Organizing Processes, Neoliberal Fantasies, and Democratic Activism*. Durham, NC: Duke University Press, 2013.

CRITCHLEY, Simon. *Infinitely Demanding: Ethics of Commitment, Politics of Resistance*. Londres: Verso, 2007.

DELEUZE, Gilles. *Logic of Sense*, trad. ing. Mark Lester e Charles Stivale. BOUNDAS, Constantin V. (org.). Nova York: Columbia University Press, 1990. [Ed. bras.: *Lógica do Sentido*. 5 ed. Trad. Luiz Roberto Salinas Fortes. São Paulo: Perspectiva, 2009.]

_____. *Empiricism and Subjectivity: An Essay on Hume's Theory of Human Nature*, trad. ing. Constantin V. Boundas. Nova York: Columbia University Press, 1991. [Ed. bras.: *Empirismo e subjetividade*. Trad. Luiz Orlandi. São Paulo: Editora 34, 2001.]

_____. "Postscript on the Society of Control" in: *Negotiations*, trad. ing. Martin Joughin. Nova York: Columbia University Press, 1995, p. 177-82. [Ed. bras.: *Conversações*. 3. ed. Trad. Peter Pál Pelbart. São Paulo: Editora 34, 2013.]

_____. "Immanence: A Life" in: LAPOUJADE, David (org.). *Two Regimes of Madness: Texts and Interviews 1975-1995*, trad. ing. Michael Taormina e Ames Hodges. Nova York: Semiotext(e), 2007, p. 388-93. [Ed. bras.: "Imanência: uma vida" in: *Dois regimes de loucos: textos e entrevistas (1975-1995)*. Trad. Guilherme Ivo. São Paulo: Editora 34, 2016.]

_____. *A Thousand Plateaus*, trad. ing. Brian Massumi. Minneapolis: University of Minneapolis Press, 1987. [Ed. bras.: *Mil platôs*, 5 vol, 2. ed. Vários tradutores. São Paulo: Editora 34, 2011/2012.]

_____. *What Is Philosophy?*, trad. ing. Graham Burchell e Hugh Tomlinson. Nova York: Columbia University Press, 1994. [Ed. bras.: *O que é a filosofia?* 3. ed. Trad. Bento Prado Jr. e Alberto Alonso Muñoz. São Paulo: Editora 34, 2010.]

DELEUZE, Gilles; GUATTARI, Félix. *Anti-Oedipus*, trad. ing. Robert Hurley, Mark Seem e Helen R. Lane. Minneapolis: University of Minnesota Press, 1983. [Ed. bras.: *O anti-Édipo*. 2. ed. trad. Luiz Orlandi. São Paulo: Editora 34, 2011.]

DIJKSTERHUIS, Eduard Jan et al. "On Making the Right Choice: The Deliberation--without-Attention Effect". *Science*, v. 311, n. 17, fev. 2006, p. 1005-07.

DUCROT, Oswald. *Dire et ne pas dire*. 2. ed. Paris: Herman, 1980.

FOUCAULT, Michel. *The Birth of Biopolitics: Lectures at the Collège de France 1978-1979*, trad. ing. Graham Burchell. Nova York: Palgrave Macmillan, 2008. [Ed. bras. *O nascimento da biopolítica*, trad. Eduardo Brandão. São Paulo: Martins Fontes, 2008.]

GLADWELL, Malcolm. *Blink: The Power of Thinking without Thinking*. Nova York: Little, Brown, 2005.

GREENSPAN, Alan. "The Condition of the Financial Markets". Depoimento de Alan Greenspan para o Committee on Banking, Housing, and Urban Affairs, Senado dos EUA 20 set. 2001(a). Disponível online.

_____. "The September 11 Tragedy and the Response of the Financial Industry". Observações de Alan Greenspan à Convenção Virtual Anual da American Bankers Association, 23 out. 2001(b). Disponível online no site de The Federal Reseve Board.

GROSSMAN, Lisa. "Slaying Dragon-Kings Could Prevent Financial Crashes". *New Scientist*, 30 nov. 2013. Disponível online.

HAGEL III, John; BROWN, John Seely; DAVISON, Lang. *The Power of Pull: How Small Moves, Smartly Made, Can Set Big Things in Motion*. Nova York: Basic Books, 2010.

HALL, Lars; JOHANSSON, Petter; STRANDBERG, Thomas. "Lifting the Veil of Morality: Choice Blindness and Attitude Reversals on a Self-Transforming Survey". *PLOS ONE*, v. 7, n. 9, set. 2012. e45457, doi: 10.1371/journal.pone.0045457.

HALL, Lars et al. "Magic at the Marketplace: Choice Blindness for the Taste of Jam and the Smell of Tea". *Cognition* v. 117, 2010, p. 54-61.

HARDT, Michael. "The Withering of Civil Society". *Social Text*, n. 45, inverno 1995, p. 27-44.

HARDT, Michael; NEGRI, Antonio. *Commonwealth*. Cambridge, MA: Harvard University Press, 2009.

HUME, David. *An Enquiry concerning the Principles of Human Morals*. Chicago: Open Court, (1739) 2012. Disponível online.

_____. *A Treatise of Human Nature*. Londres: Penguin, 1984. [Ed. bras.: *Tratado da natureza humana*. Trad. Déborah Danowski. São Paulo, Unesp, 2009.]

JAMES, William. *Essays in Radical Empiricism*. Lincoln: University of Nebraska Press, 1996.

KAHNEMAN, Daniel. *Thinking Fast and Slow*. Nova York: Farrar, Straus and Giroux, 2011.

KEYNES, John Maynard. (1937). "The General Theory of Employment" in: *The Collected Writings of John Maynard Keynes*. Londres: Macmillan, 1973, v. 14, p. 109-123.

KLEIN, Gary. *Sources of Power: How People Make Decisions*. Cambridge, MA: MIT Press, 1998.

LAPOUJADE, David. *Puissances du temps: Versions de Bergson*. Paris: Minuit, 2010.

LATOUR, Bruno. *Science in Action: How to Follow Scientists and Engineers through Society*. Cambridge, MA: Harvard University Press, 1987.

LAZZARATO, Maurizio. *The Making of Indebted Man*, trad. ing. Joshua David Jordan. Cambridge, MA: Semiotext(e)/MIT Press, 2012.

LEHRER, Jonah. *How We Decide*. Nova York: Houghton Mifflin Harcourt, 2009.

LUHMANN, Niklas. *Trust and Power*. Nova York: Wiley, 1979.

LYNN, Greg. *Animate Form*. Nova York: Princeton Architectural Press, 1999.

MACKENZIE, Adrian. *Wirelessness: Radical Empiricism in Network Cultures*. Cambridge, MA: MIT Press, 2010.

MANNING, Erin. *Always More Than One: Individuation's Dance*. Durham, NC: Duke University Press, 2013(a).

_____. "In the Act: The Shape of Precarity" in: CZIRAK, Adam; NOULAS, Vassilis; SIOZOULI, Natascha (orgs.). *Melancholy and Politics*. Atenas: Institute for Live Art Research, 2013(b), p. 10-5.

MANNING, Erin; MASSUMI, Brian. *Thought in the Act: Passages in the Ecology of Experience*. Minneapolis: University of Minnesota Press, 2014.

MARAZZI, Christian. *Capital and Language: From the New Economy to the War Economy*, trad. ing. Gregory Conti. Los Angeles: Semiotext(e), 2008.

MARGULIS, Lynn. *Symbiotic Planet*. Nova York: Basic Books, 1999.

MASSUMI, Brian. *Parables for the Virtual: Movement, Affect, Sensation*. Durham, NC: Duke University Press, 2002.

_____. "Fear (the Spectrum Said)". *Positions: East Asia Cultures Critique*, ed. especial, "Against Preemptive War", v. 113, n. 1, primavera 2005, p. 31-48.

_____. "Potential Politics and the Primacy of Preemption". *Theory and Event*, v. 10, n. 2, 2007. Disponível online.

_____. "National Enterprise Emergency: Steps toward an Ecology of Powers" in: *Michel Foucault and Biopower. Theory, Culture & Society*, v. 26, n. 6, 2009(a), p. 153-85. doi: 10.1177/0263276409347696.

_____. "Of Microperception and Micropolitics", *Inflexions: A Journal for Research Creation*, n. 3, out. 2009(b). Disponível online.

_____. "The Future Birth of the Affective Fact: The Political Ontology of Threat" in: SEIGWORTH, Gregory; GREGG, Melissa (orgs.). *The Affect Theory Reader*. Durham, NC: Duke University Press, 2010, p. 52-70.

_____. "Envisioning the Virtual" in: *The Oxford Handbook of Virtuality*. Oxford: Oxford University Press, 2013, p. 55-70.

_____. *What Animals Teach Us about Politics*. Durham, NC: Duke University Press, 2014. [Ed. bras. *O que os animais nos ensinam sobre política*. Trad. Francisco Trento e Fernanda Mello. São Paulo: n-1 edições, 2017.]

_____. *Ontopower: War, Powers, and the State of Perception*. Durham, NC: Duke University Press, 2015.

MORENO, Gean. "Accelerationist Aesthetics". *e-flux*, n. 46, jun. 2013. Disponível online.

MURDOCK, Deroy. "Giuliani's Finest Hour". *National Review*, 14 set. 2001. Disponível online.

NIETZSCHE, Friedrich. *Writings from the Late Notebooks*, trad. ing. Kate Sturge. BITTNER, Rüdiger (org.). Cambridge: Cambridge University Press, 2003.

PEIRCE, C. S. *Pragmatism as a Principle and Method of Right Thinking: The 1903 Lectures on Pragmatism*. Albany: State University of New York Press, 1997.

_____. *The Essential Peirce: Selected Philosophical Writings*, v. 2. Bloomington: University of Indiana Press, 1998.

PICKERING, Andrew. *The Mangle of Practice: Time, Agency, and Science*. Chicago: University of Chicago Press, 1995.

PIGNARRE, Philippe; STENGERS, Isabelle. *Capitalist Sorcery: Breaking the Spell*, trad. ing. Andrew Goffey. Londres: Palgrave Macmillan, 2011.

PIXLEY, Jocelyn. *Emotions in Finance: Distrust and Uncertainty in Global Markets*. Cambridge: Cambridge University Press, 2004.

POTRO, Eugenio; RUSTICHINI, Aldo. "A Reassessment of the Relationship between GDP and Life Satisfaction". *PLOS ONE*, 27 nov. 2013. doi: 10.1371/journal.pone.0079358.

POWDTHAVEE, Nick. *The Happiness Equation: The Surprising Economics of Our Most Valuable Asset*. Londres: Icon Books, 2011.

PRINZ, Jesse J. *Gut Reactions: A Perceptual Theory of Emotion*. Oxford: Oxford University Press, 2006.

QUOIDBACH, Jordi et al. "Money Giveth, Money Taketh Away: The Dual Effect of Money on Happiness". *Psychological Science*, n. 21, 2010, p. 759-63.

ROSA, Jean-Jacques; ALTALION, Florin. *L'économie retrouvée: Vieilles critiques et nouvelles analyses*. Paris: Économica, 1977.

RUCKER, Philip. "Mitt Romney Says 'Corporations Are People' at Iowa State Fair". *Washington Post*, 11 ago. 2011. Disponível online.

RYLE, Gilbert. *The Concept of Mind*. Nova York: Barnes and Noble, 1949.

SAMPSON, Tony D. *Virality: Contagion Theory in the Age of Networks*. Minneapolis: University of Minnesota Press, 2012.

SHULTZ, Theodore W. *Investment in Human Capital: The Role of Education and of Research*. Nova York: Free Press, 1971.

SIMONDON, Gilbert. *L'individuation à la lumière des notions de forme et d'information*. Grenoble: Jérôme Millon, 2005.

SKLAR, Aseal Y. et al. "Reading and Doing Arithmetic Nonconsciously". *PNAS Early Edition*, 5 out. 2012. Disponível online.

SPINOZA, Benedictus de. *The Collected Works of Spinoza*. Trad e org. Edwin Curley. Princeton, NJ: Princeton University Press, 1985.

STENGERS, Isabelle. *Power and Invention: Situating Science*, trad. ing. Paul Bains. Minneapolis: University of Minnesota Press, 1997.

———. *The Invention of the Modern Sciences*, trad. ing. Daniel W. Smith. Minneapolis: University of Minnesota Press, 2000.

———. *Cosmopolitics* II, trad. Robert Bononno. Minneapolis: University of Minnesota Press, 2011.

STERN, Daniel. *The Interpersonal World of the Infant*. Nova York: Basic Books, 1985.

STREVENS, Michael. *Tychomancy: Inferring Probability from Causal Structure*. Cambridge, MA: Harvard University Press, 2013.

TALEB, Nassim Nicholas. *The Black Swan: The Impact of the Highly Improbable*. 2. ed. Nova York: Random House, 2010.

THALER, Richard H.; SUNSTEIN, Cass H. *Nudge: Improving Decisions about Health, Wealth, and Happiness*. New Haven, CT: Yale University Press, 2008.

WEATHERALL, James Owen. *The Physics of Wall Street*. Nova York: Houghton Mifflin Harcourt, 2013.

WHITEHEAD, A. N. *Concept of Nature*. Cambridge: Cambridge University Press, (1920) 1964.

———. *Adventures of Ideas*. Nova York: Free Press, (1933) 1967.

———. *Modes of Thought*. Nova York: Free Press, (1938) 1968.

———. *Process and Reality*. Nova York: Free Press, (1929) 1978.

———. *Symbolism: Its Meaning and Effects*. Nova York: Fordham University Press, (1927) 1985.

WILSON, Timothy D. *Strangers to Ourselves: Discovering the Adaptive Unconscious*. Cambridge, MA: Harvard University Press, 2002.

Dados Internacionais de Catalogação na Publicação (CIP) de acordo com ISBD

M422e   Massumi, Brian

A economia contra si mesma: por uma arte anticapitalista do acontecimento / Brian Massumi; traduzido por Alyne Azuma. – São Paulo: n-1 edições, 2024.
168 p.:il; 14cm x 21cm.

Tradução de: *The Power at the End of the Economy: Art Beyond Interest, Joy Beyond*
ISBN: 978-65-6119-016-9

1. Economia. I. Azuma, Alyne. II. Título.

CDD: 330

2024-1463   CDU: 33

Elaborado por Vagner Rodolfo da Silva - CRB-8/9410

Índices para catálogo sistemático:
1. Economia 330
2. Economia 33

n-1

O livro como imagem do mundo é de toda maneira uma ideia insípida. Na verdade não basta dizer Viva o múltiplo, grito de resto difícil de emitir. Nenhuma habilidade tipográfica, lexical ou mesmo sintática será suficiente para fazê-lo ouvir. É preciso fazer o múltiplo, não acrescentando sempre uma dimensão superior, mas, ao contrário, da maneira mais simples, com força de sobriedade, no nível das dimensões de que se dispõe, sempre n-1 (é somente assim que o uno faz parte do múltiplo, estando sempre subtraído dele). Subtrair o único da multiplicidade a ser constituída; escrever a n-1.

Gilles Deleuze e Félix Guattari

n-1edicoes.org

v. 118ff69